Sabine Prohaska

Lösungsorientiertes Selbstcoaching

Ihren Zielen näher kommen – Schritt für Schritt

Ausführliche Informationen zu jedem unserer lieferbaren und geplanten Bücher finden Sie im Internet unter ↗ http://www.junfermann.de. Dort können Sie unseren Newsletter abonnieren und sicherstellen, dass Sie alles Wissenswerte über das Junfermann-Programm regelmäßig und aktuell erfahren. – Und wenn Sie an Geschichten aus dem Verlagsalltag und rund um unser Buch-Programm interessiert sind, besuchen Sie auch unseren Blog: ↗ http://blogweise.junfermann.de.

SABINE PROHASKA

LÖSUNGSORIENTIERTES SELBSTCOACHING

IHREN ZIELEN NÄHER KOMMEN – SCHRITT FÜR SCHRITT

Junfermann Verlag
Paderborn
2016

Copyright	© Junfermann Verlag, Paderborn 2016
Coverfoto	© Jenny Sturm – fotolia.com
Covergestaltung / Reihenentwurf	Christian Tschepp
Satz	JUNFERMANN Druck & Service, Paderborn

Bibliografische Information der Deutschen Nationalbibliothek

Die Deutsche Nationalbibliothek verzeichnet diese Publikation in der Deutschen Nationalbibliografie; detaillierte bibliografische Daten sind im Internet über http://dnb.ddb.de abrufbar.

ISBN 978-3-95571-407-9
Dieses Buch erscheint parallel als E-Book.
ISBN 978-3-95571-510-6 (EPUB), 978-3-95571-512-0 (PDF), 978-3-95571-511-3 (MOBI).

Inhalt

Einleitung

Was ist eigentlich Coaching? Vereinfacht ausgedrückt, ist Coaching *die Brücke zwischen Ihrem derzeitigen Leben und dem, was Sie erreichen wollen.*

Coaching unterstützt Sie in Ihrer Entwicklung. Es geht um eine Veränderungsbegleitung, deren Fokus auf dem Erhalt oder der Stärkung der eigenen Leistungsfähigkeit und einer gesunden Work-Life-Balance liegt. Ein Coach unterstützt seinen Klienten – in der Fachsprache Coachee genannt – bei der Bewältigung verschiedener Situationen. Er fördert durch den Coachingprozess die Selbstreflexion, ermöglicht das Erkennen von Problemursachen und verhilft zur Klärung und Lösung von belastenden Situationen.

Ich möchte die oben genannte Brückenmetapher in diesem Buch aufgreifen und Ihnen anhand dieses Bildes einen Leitfaden für Ihr Selbstcoaching an die Hand geben. In vier Schritten leitet Sie dieses Buch durch Ihren lösungsorientierten Selbstcoachingprozess.

Zur Orientierung will ich diese Schritte kurz skizzieren:

1. Identifizieren Sie jenen Bereich in Ihrem Leben, in dem Sie „eine neue Brücke bauen", d.h. eine Veränderung bewirken möchten. Egal, ob es sich um eine familiäre oder berufliche Situation handelt, einen zwischenmenschlichen Konflikt oder eine persönliche Entscheidung, die es zu treffen gilt.
2. Widmen Sie sich dem neuen Ufer – also Ihrem Wunschziel.
3. Bevor Sie sich auf den Weg dorthin machen: Halten Sie kurz inne, um das alte Ufer, Ihre aktuelle Lebenssituation, nochmals bewusst wahrzunehmen. Vielleicht wollen Sie gerne etwas auf die Reise mitnehmen oder sich von etwas bewusst verabschieden.
4. Beschreiben Sie den Weg zum neuen Ufer. Wird er steinig sein? Gibt es Möglichkeiten, Energie zu tanken? Werden Sie alleine gehen, oder kommt jemand mit? Sichern Sie mit den entsprechenden Vorkehrungen Ihre Zielerreichung ab.

Für jeden dieser vier Bereiche stelle ich Ihnen passende Übungen und Interventionen vor. Sie können jeweils nur eine der angebotenen Methoden anwenden oder alle ausprobieren. Bei den meisten empfehle ich Ihnen, Notizen zu machen. Statt Ihre Gedanken schriftlich niederzuschreiben, können Sie natürlich auch Bilder oder Zeichnungen anfertigen. Durch diese schriftliche Selbstreflexion erreichen Sie eine bessere Fokussierung Ihrer Aufmerksamkeit. Auch wenn Ihr erster Gedanke ist: „Das brauche ich nicht, Nachdenken genügt!" – vertrauen Sie mir und organisieren Sie sich einen Block bzw. ein Heft und einen Stift. Diese unscheinbaren Hilfsmittel werden Ihnen beim Konkretisieren und Umsetzen Ihrer Ziele eine große Hilfe sein. Die festgehaltenen Gedanken, die Sie immer wieder zurate ziehen und nachlesen können, liefern Ihnen im Lauf der Zeit wertvolle Hinweise über Sie selbst, Ihre Ressourcen und bestehende Hindernisse. Sie dokumentieren auf diese Weise Ihren eigenen Coachingprozess, der als Schritt-für-Schritt-Vorgehen in Ihrem eigenen Rhythmus abläuft.

Bei den meisten Übungen finden Sie zudem auch Fallbeispiele als Anregung und zur Verdeutlichung des Zwecks der jeweiligen Methode.

Schritt für Schritt in die richtige Richtung

Ein Missverständnis, auf das ich beim Thema Coaching immer wieder stoße, ist die Vorstellung, es gäbe *den einen richtigen Weg.* Diesen gälte es zu finden, dann wäre man endlich glücklich, zufrieden, wohlhabend, was auch immer. Die schlechte Nachricht ist: Die eine glückselig machende Antwort auf drängende Lebensfragen oder Problemsituationen gibt es nicht. Die gute Nachricht lautet: Was es sehr wohl gibt, auch wenn das weniger spektakulär klingt, ist *der nächste Schritt in die richtige Richtung.* Bereits dieser eine erste Schritt in die von Ihnen eingeschlagene Richtung zieht weitere Schritte und Folgewirkungen nach sich, die Sie Ihrem Ziel näher bringen und sogar völlig neue Lebensperspektiven eröffnen können.

Wichtige Lebensfragen für sich zu klären ist inzwischen keine einmalige Angelegenheit mehr, sondern eine immer wiederkehrende Aufgabe bzw. Herausforderung. Denken Sie nur an die heute verfügbaren Ausbildungsmöglichkeiten. Nachdem ich maturiert hatte, was schon geraume Zeit zurückliegt, ging es nach der Vorentscheidung Studium oder Arbeiten um die Frage, für welche Studienrichtung ich mich entscheiden sollte. Schon damals keine leichte Aufgabe. Erst recht schwierig ist die Berufswahl aber für heutige Jugendliche, die nicht nur einer immer größer werdenden Zahl von Studienangeboten gegenüberstehen, sondern auch noch unter Hunderten Fachhochschul- und sonstigen Ausbildungslehrgängen wählen können. Das bedeutet eine ungeheure Optionenvielfalt, die es enorm schwierig macht, sich zu orientieren und Entscheidungen zu treffen. Einmal im Berufsleben angekommen, werden wir angesichts unsicherer Beschäftigungsverhältnisse und selbst gewählter Jobwechsel immer wieder vor weitere berufliche Neuentscheidungen gestellt.

Stabile Zonen schaffen

Ein Konzept, das sich mit den zahlreichen Veränderungen in unseren Lebenswelten auseinandersetzt, ist das der „stabilen Zonen" von Roswitha Königswieser (2013). Es besagt, dass stabile Zonen (wie Familie, Beziehungen, Beruf, Werte etc.) für Menschen eine wichtige Bedeutung haben. Ihr Verlust ist auch jeweils ein Verlust an Identität. Ganz ohne stabile Zonen können wir nicht leben. Je unsicherer die Situationen rund um uns werden, desto wichtiger ist, sich der eigenen stabilen Zonen bewusst zu werden bzw. diese zu etablieren. Noch vor einer Generation war es der Normalfall, an jenem Ort aufzuwachsen und zur Schule zu gehen, an dem man geboren worden war. Vielleicht ging man zwecks Ausbildung einmal woanders hin, kam dann aber häufig zurück, ergriff einen Beruf, gründete eine Familie, bezog eine eigene Wohnung oder baute ein Haus, blieb lebenslang bei einer Firma, hing bestimmten Überzeugungen an und wählte alle vier Jahre dieselbe Partei. Obwohl dieser „Normalfall" gerade einmal 30 bis 40 Jahre her ist, ist er für junge Menschen bereits total veraltet. Alle paar Jahre umzuziehen ist heute genauso normal wie Patchwork-Familien, in denen Kinder mit einem oder mehreren Halbgeschwister(n) aufwachsen. Ein Leben lang zusammenzubleiben gelingt nur in den wenigsten Beziehungen. Von Zeit zu Zeit Job und Firma zu wechseln ist inzwischen ebenso üblich wie die Überlegung, sich umschulen zu lassen oder gar selbstständig zu machen. Auch unsere Wertvorstellungen sind im Lauf unseres Lebens häufiger als früher Veränderungen unterworfen. Wir hinterfragen unsere Werte, ändern sie auch mal und geben bei Wahlen unsere Stimme mitunter auch einer anderen Partei.

Auch wenn die früher stabilen Zonen aus heutiger Sicht altbacken oder konservativ wirken, boten sie doch auch Orientierung und Sicherheit. Man wusste, woran man war. Man hatte seine Entscheidungen getroffen und kannte, wie es so schön heißt, seinen Platz im Leben. Das Leben war „vorgezeichnet". Je instabiler die verschiedenen (Lebens-)Zonen aber werden – und heute sind oftmals alle Zonen instabil –, desto seltener haben wir das Gefühl von Sicherheit und Planbarkeit. Und desto häufiger entsteht auf der anderen Seite die Notwendigkeit, die eigenen Lebensziele immer wieder zu hinterfragen und den eigenen Kurs selbst neu festzulegen. Das ist anstrengend, mitunter sogar angstauslösend, gleichzeitig aber auch eine Freiheit, von der frühere Generationen nicht einmal zu träumen wagten. Auf jeden Fall aber geht damit eine höhere Verantwortung des Einzelnen einher, sich mit den Veränderungen im eigenen Leben bewusst auseinanderzusetzen. Da tut es gut, ein Rüstzeug an der Hand zu haben, um sich selbst auf diesem Weg gut coachen zu können.

Worum geht es im Selbstcoaching?

Im Selbstcoaching übernehmen Sie selbst die Coachrolle. Selbstcoaching ist ein Schritt-für-Schritt-Prozess, der Ihnen einen Weg zu sich selbst eröffnet und Ihnen bei Ihrer persönlichen Zielerreichung behilflich ist. Es handelt sich um eine Art Expedition zum eigenen Ich. Dabei geht es nicht darum, dass Sie möglichst schnell an Ihr Ziel kommen. Vielmehr soll Ihnen der Coachingprozess mehr Klarheit über jene Dinge bringen, die Sie wirklich wollen – und Sie dann bei der Erreichung dieser Ziele unterstützen.

Jede Art von Coaching, ob begleitet durch einen ausgebildeten Coach oder „in Eigenregie", erfordert Ihre aktive Mitarbeit. Es verhält sich hier ähnlich wie mit einem Navigationsgerät im Auto. Dieses Hilfsmittel weist Ihnen zwar den optimalen Weg zu einem von Ihnen bestimmten Ziel. Somit kann es eine wichtige Ressource sein. Dazu ist es aber notwendig, dass SIE zuerst ein Fahrtziel festlegen und dann der Wegbeschreibung folgen, also das Auto selbst steuern, in Ihrer Geschwindigkeit und mit den von Ihnen eingegebenen Zwischenzielen. Das vorliegende Buch liefert Ihnen, ähnlich wie das Navi, die optimale Wegbeschreibung, individuell „einstellbar".

Selbstcoaching kann Sie in jenen Bereichen unterstützen, auf die Sie persönlich Einfluss haben. Die zwei großen Überschriften lauten: „Wer bin ich?" und / oder „Was will ich?" Somit kann Selbstcoaching hilfreich sein ...

- um sich selbst besser kennenzulernen.
- um persönliche Ziele zu klären und diese dann auch zu erreichen.
- um die angestrebten Veränderungen mit Leben zu füllen.
- um Entscheidungen zu treffen.

Manchmal hilft jedoch die beste Übung oder Frage nicht weiter. Die Gedanken drehen sich im Kreis, und man droht, in die Grübelfalle zu tappen. Man steckt fest, wie ein Auto, das im Morast hängen bleibt. Je mehr Gas man gibt, umso tiefer gräbt es sich ein. Das ist der Zeitpunkt, in dem Sie darüber nachdenken sollten, externe Hilfe in Anspruch zu nehmen und vielleicht doch einen Coach aufzusuchen. Dieses Buch kann auch als Begleitung in einem extern angeleiteten Coachingprozess eingesetzt werden. So können Sie es beispielsweise vor der ersten begleiteten Coachingsitzung nutzen, um Klarheit über Ihr Anliegen zu bekommen. Oder Sie verwenden es im Coachingprozess als zusätzlichen Begleiter für das selbstständige Weiterarbeiten am Ziel oder beim Finden des Wegs.

Damit das Selbstcoaching zu den gewünschten Resultaten führt, braucht es also etwas Disziplin, Freude an der Selbstreflexion, Energie, um ins Tun zu kommen, aber auch die Achtsamkeit zu erkennen, wann man mit seiner Weisheit gerade am Ende ist und sich, um weiterzukommen, zumindest temporär Hilfe von außen organisieren sollte.

Warum Selbstcoaching funktioniert

Die Übungen, die ich Ihnen in diesem Buch vorstelle und ans Herz lege, fußen auf bestimmten Annahmen darüber, wie Lernen und Entwicklung von Menschen vonstatten geht.

Grundannahmen aus der systemisch-lösungsorientierten Arbeit

Jeder Mensch trägt die Lösungen in sich. Meine jahrzehntelange Coaching- und Trainingserfahrung hat mir das immer wieder eindrucksvoll vor Augen geführt. Es braucht oft nur einen kleinen Anstoß, einen roten Faden und etwas Zeit, um die eigenen Ressourcen zu aktivieren. Um aber einem möglichen Missverständnis vorzubeugen: Mit der Aussage, dass Sie alle Lösungen in sich tragen, meine ich nicht, dass Sie alles können und alles wissen (müssen). Ich meine damit, dass Sie im Fall von Nichtwissen die Fähigkeit haben zu erkennen: „Das weiß ich nicht, die Situation habe ich noch nie erlebt, da muss ich mich erst schlau machen oder mir Hilfe holen." Als erwachsener Mensch haben Sie die Fähigkeit, sich das benötigte Wissen oder die erforderlichen Kompetenzen anzueignen oder sich die nötige Unterstützung anderer zu organisieren, indem Sie überlegen: An wen kann ich mich in diesem Fall wenden? Wen kann ich fragen, wer oder was könnte mir wie helfen?

Probleme sind Probleme, Lösungen sind Lösungen. Die Idee, sich intensiv mit einem Problem auseinandersetzen zu müssen, um zu einer Lösung zu kommen, ist zwar weitverbreitet, aber nicht unbedingt der beste Ansatz. Denn die Erfahrung zeigt: Das ständige Kreisen um ein Problem führt häufig nur zu einer Art Problemtrance, in der das Problem immer größer und unlösbarer erscheint, je länger man sich damit beschäftigt.

Einen anderen Zugang eröffnen die Fragen:

- Egal, was genau Ihr Problem ist, was wäre denn eine für Sie attraktive Lösung?
- Wenn Sie sich in den gewünschten Zielzustand versetzen, wie würde der konkret ausschauen?

Diesem lösungsorientierten Ansatz zugrunde liegt der Konstruktivismus, eine Theorie darüber, wie wir die Welt wahrnehmen und selbst aktiv erschaffen („konstruieren"), indem wir bestimmte Situationen auf eine bestimmte Art und Weise beschreiben und bewerten (z. B. als Problem) und unsere Aufmerksamkeit dann auf jene Aspekte richten, die unsere Überzeugungen bestätigen. All jene Dinge, die unseren Ansichten widersprechen, blenden wir hingegen gerne aus oder werten sie ab („Das zählt nicht", „Das hat damit nichts zu tun", „Ja, aber …"). Wer sagt denn eigentlich, dass etwas ein Problem ist? Vielleicht sehen Sie eine bestimmte Situation, ein bestimmtes Verhalten nur deshalb als Problem an, weil ein anderer (Ihr Partner, Ihre Eltern, Ihr Chef …) sagt, dass es ein Problem ist.

Nehmen wir an, Sie haben bereits mehrmals den Job gewechselt und jemand aus Ihrem Umfeld meint zu Ihnen: „Du hast noch nie einen Job ‚durchgezogen'." Was genau heißt das denn eigentlich? Wenn Sie gerne immer wieder Neues erleben und daher immer nur einige Jahre in einer Anstellung bleiben und dann ein neues Betätigungsfeld suchen – wer sagt, dass das „ein Problem" ist? Wir konstruieren uns bestimmte Beschreibungen und Bewertungen und damit auch erst „das Problem". Vielleicht ist dieser Umstand für Sie selbst gar kein Problem, Sie erlauben sich nur nicht, dazu zu stehen, dass das eben Ihr Weg im Leben ist. Wir können und sollten uns also selbst immer wieder fragen: Was konstruiere ich mir denn so in meinem Leben? Was heißt für mich persönlich beispielsweise Zufriedenheit? Was macht für mich persönlich „ein erfülltes Leben", „eine glückliche Beziehung", „einen befriedigenden Job" aus?

Neurologie des Lernens

Entwicklung – Neulernen ebenso wie Umlernen und eingefahrene Bahnen „umbahnen“ – braucht Zeit. Lernen passiert im Gehirn ganz handfest, indem neue Nervenverbindungen gebildet und dann wieder und wieder benutzt und so gestärkt werden. Gehirnforscher sprechen von Neuroplastizität. Am Beginn entspricht die neue Nervenbahn bildlich gesprochen einem kaum sichtbaren Trampelpfad auf der Wiese. Je häufiger das neue Verhalten wiederholt wird, desto mehr wandelt sich der Trampelpfad zu einem Weg, nach einigen Wochen oder Monaten vielleicht zu einer Landstraße, danach zu einer Bundesstraße und schließlich zu einer gut ausgebauten zwei- bis dreispurigen Autobahn. Während bis vor wenigen Jahren noch die Ansicht vorherrschte, dass sich die meisten Nervenbahnen in unserer Kindheit bilden und unser Gehirn am Ende der Pubertät quasi fertig sei, weiß man heute: Wir bilden auch als Erwachsene ständig neue Nervenbahnen, d. h., wir sind bis ins hohe Alter lernfähig.

Auf dem Weg zu neuen Verhaltensmustern oder Kompetenzen liegen Niederlagen und Rückfälle in der Natur der Sache. Veränderung ist möglich, aber sie braucht Zeit und Geduld und das Bewusstsein, dass ein zwischenzeitiges Scheitern zum Lernen unweigerlich dazugehört.

Wenn wir unsere Einstellung bzw. unser Verhalten ändern, fallen wir zeitweise immer wieder in die alten Denk- und Verhaltensweisen zurück. Das ist jedoch kein Grund, unzufrieden mit sich zu sein. Es ist schlicht die Art, wie wir lernen bzw. umlernen. Der neue, jetzt oft beschrittene Weg wird immer präsenter, der alte verblasst langsam, auch wenn wir ihn von Zeit zu Zeit noch „automatisch“ einschlagen. Wenn wir neue Verhaltensweisen lernen, sind „Ehrenrunden“ – das Zurückfallen in alte Verhaltensmuster – vorprogrammiert. Sie sind ein natürlicher Teil des Lernprozesses. Daher ist es wichtig, dass Sie sich selbst nicht unter Druck setzen, sondern nachsichtig mit sich sind und wertschätzend mit sich umgehen.

In meinen Seminaren und Coachings verwende ich gerne folgende „Geschichte“ von Portia Nelson:

Autobiografie in fünf Kapiteln

1.
Ich gehe die Straße entlang.
Da ist ein tiefes Loch im Gehsteig.
Ich falle hinein.
Ich bin verloren ... Ich bin ohne Hoffnung.
Es ist nicht meine Schuld.
Es dauert endlos, wieder herauszukommen.

2.
Ich gehe dieselbe Straße entlang.
Da ist ein tiefes Loch im Gehsteig.
Ich tue so, als sähe ich es nicht.
Ich falle wieder hinein.
Ich kann nicht glauben, schon wieder am gleichen Ort zu sein.
Aber es ist nicht meine Schuld.
Immer noch dauert es sehr lange, herauszukommen.

3.
Ich gehe dieselbe Straße entlang.
Da ist ein tiefes Loch im Gehsteig.
Ich sehe es.
Ich falle immer noch hinein ... aus Gewohnheit.
Meine Augen sind offen.
Ich weiß, wo ich bin.
Es ist meine Schuld.
Ich komme sofort heraus.

4.
Ich gehe dieselbe Straße entlang.
Da ist ein tiefes Loch im Gehsteig.
Ich gehe darum herum.

5.
Ich gehe eine andere Straße.

(Übersetzt aus: *There's a hole in my sidewalk*, 2012, S. xi-xii)

Unser Gehirn lehrt uns aber noch etwas: Lernprozesse verlaufen nicht linear. Oft verlaufen sie scheinbar sprunghaft. Zuerst tut sich längere Zeit gar nichts, oder es gibt nur geringe Fortschritte, dann plötzlich erfolgt ein großer Schritt nach vorne. Wir üben also z. B. etwas ein, etwa ein neues Bewegungsmuster im Tennis. Wir üben es einen ganzen Nachmittag, aber es will und will nicht gelingen. Dann lassen wir es für eine Woche gut sein, stellen uns wieder auf den Platz, holen aus – und plötzlich gelingt uns der neue Schlag auf Anhieb. Der Grund dafür ist: Auch wenn wir nicht bewusst geübt haben, hat unser Gehirn doch weitergearbeitet. Es wurden neue neuronale Verbindungen geknüpft, die Bewegung wurde immer wieder durchgespielt, mit ähnlichen Bewegungsmustern in Verbindung gebracht, und scheinbar aus dem Nichts gelingt uns der Schlag. Lernen folgt also einer bestimmten Eigenzeit. Für mich wird dieser Gedanke am schönsten durch eine vermutlich aus Sambia stammende Redewendung zum Ausdruck gebracht: „Gras wächst nicht schneller, wenn man daran zieht."

Ähnliches gilt, wenn Sie über eine bestimmte Frage oder ein Problem nachdenken und es z. B. auf ein Flipchart schreiben, auf das immer wieder Ihr Blick fällt, oder auf ein Blatt Papier oder einen Block, den Sie immer wieder zur Hand nehmen. Jedes Mal, wenn Ihnen zu der Frage / zu dem Problem etwas einfällt, schreiben Sie es dazu. Plötzlich, scheinbar aus „heiterem Himmel", erleben Sie den Durchbruch. Den berühmten Gedankenblitz, das Aha-Erlebnis, der in der Kreativitätsforschung immer wieder beschrieben wird. Auch wenn wir uns ganz anderen Dingen zuwenden, bleibt unser Gehirn am Ball.

Gemäß der Neurologie des Lernens heißt Selbstcoaching: Sie geben sich den Auftrag, etwas anders zu machen. Sie wiederholen das neue Verhalten, üben es ein, fallen zwar immer wieder in das alte Verhalten zurück, merken das aber immer schneller, korrigieren es (ohne Selbstgeißelung!) und wechseln wieder zum neuen Verhaltensmuster. In Hinblick auf dieses Buch heißt das: Wenn Sie die Übungen durcharbeiten, beginnen Sie bereits damit, durch Überlegen, Aufschreiben, Ausprobieren einen neuen kleinen Trampelpfad im Gehirn anzulegen. Damit der kleine Pfad dann schließlich zur Autobahn wird, braucht es konsequente Arbeit und viele, viele Wiederholungen. Das Buch kann Ihnen hier den nötigen Anstoß liefern und Sie auf die Rückschläge vorbereiten, die unweigerlich auf Sie zukommen. Es kann die Arbeit, die vor Ihnen liegt, zwar nicht ersetzen, Ihnen aber bei dieser Expedition ermutigend und unterstützend zur Seite stehen.

Einige der Übungen im Buch werden Sie zur Arbeit mit inneren Bildern auffordern (z. B. „Der Brief aus der Zukunft" oder „Die Talisman-Technik"). Ein bewusster aktiver Prozess der Imagination ist ein sehr effektives Mittel, um seinen Zielen Schritt für Schritt näher zu kommen. Spitzensportler nutzen diesen Weg schon lange. Je stärker und klarer Sie diese Bilder entwickeln und sich auch erlauben, diese Bilder entstehen zu lassen, umso mehr Kraft entfalten sie. In der Fachsprache heißt das entstehende Phänomen „Inkohärenz". Innen und außen passen nicht zusammen – Ihr Umfeld am alten Ufer passt nicht mehr zur Vision des neuen Ufers. Da das Gehirn aber einen kohärenten Zustand bevorzugt, wird es Sie dazu aktivieren, den äußeren Umstand den inneren Bildern anzupassen (vgl. Purps-Pardigol, 2015).

Positive Psychologie

Im Glauben an uns selbst liegt eine unermessliche Kraftquelle. Während Skepsis und Pessimismus unsere Tatkraft mindern, können uns positive Einstellungen zu großen Leistungen beflügeln. Unsere Aufmerksamkeit entscheidet, ob wir unser Potenzial entfalten oder ob wir der Mensch bleiben, der wir immer schon waren. In Experimenten konnte bewiesen werden, dass die Aufmerksamkeit ein Schlüssel für die erwähnte Neuroplastizität ist. Denn sie entscheidet, ob bzw. welche Spuren in unserem Gehirn hinterlassen werden. (Die Experimente sind nachzulesen in Purps-Pardigol, 2015.)

Als Ihr „selbsternannter" eigener Coach tun Sie das Beste, zu dem Sie imstande sind. Und alleine darauf können Sie stolz sein.

Darüber hinaus lässt uns erst ein positiver Blick erkennen, dass wir ohne Misserfolge auch unsere Erfolge nicht wertschätzen könnten. Und was endgültig dafür spricht, ein Optimist zu sein: Optimisten sind – nachweislich – glücklicher, erfolgreicher und gesünder.

Die Henry Ford zugeschriebene Aussage „Ob du glaubst, du kannst es, oder ob du glaubst, du kannst es nicht, du hast immer recht!" verweist auf den in der psychologischen Forschung inzwischen zur Genüge belegten Sachverhalt, dass unsere innere Erwartungshaltung – positiv ebenso wie negativ – wesentlichen Einfluss auf das Ergebnis hat. Oft stehen wir uns mit unseren einschränkenden, selbstabwertenden Überzeugungen selbst im Weg. Im systemisch-lösungsorientierten Coaching wird der Coachee immer auch dazu angeleitet: „Versetz dich in den gewünschten Zielzustand!" Meine wiederkehrende Beobachtung ist: Vielen Menschen fällt dies extrem schwer, weil sie bei positiven, wünschenswerten Bildern sofort in den „Ja-aber-das-geht-nicht-weil"-Zustand gleiten. Energievolle Zielbilder können nur funktionieren, wenn man sich erlaubt hinzuschauen, ohne sich im nächsten Moment sofort zu beschränken. Es geht darum, eigene Wünsche zuzulassen und in eine (Noch-)Fantasiewelt einzutauchen: Wie hätte ich es denn gerne? Wie schaut mein Traum konkret aus?

Dass unsere Gedanken konkrete körperliche Auswirkungen haben, ist schon länger bekannt. Ein kleines, aber immer wieder eindrucksvolles Experiment, das jeder sofort ausprobieren kann: Was passiert in Ihrem Körper, wenn Sie sich vorstellen, herzhaft in eine frische Zitrone zu beißen? Allein durch die Vorstellung des sauren, bitteren Geschmacks wird sich Ihr Mund unweigerlich verziehen. Und das nur aufgrund einiger weniger (nicht einmal laut ausgesprochener, sondern nur gedachter) Worte!

Noch um einiges beeindruckender sind neue Forschungsergebnisse aus Amerika, über die Barbara Fredrickson, eine der führenden Wissenschaftlerinnen im Bereich der Positiven Psychologie, auf einem Symposium im Jahr 2014 berichtet hat (Quelle: ↗ http://newsroom.ucla.edu/releases/don-t-worry-be-happy-247644). Sie bezog sich vor allem auf die gemeinsame Forschung mit Steve Cole, einem Psychoneuroimmunologen von der *University of California* in Los Angeles. Bei diesen Untersuchungen wurden den Versuchspersonen am Beginn und am Ende eines Programms, in dem es um das Einnehmen einer positiven Grundhaltung ging, Blutproben entnommen. Dann wurde anhand dieser Proben das Genom, d. h. das Erbmaterial der Probanden untersucht. Und siehe da – was kaum einer für möglich gehalten hätte, war tatsächlich nachweisbar: Eine positive Grundhaltung im Leben hat deutliche körperliche Auswirkungen bis hin zur Ebene unseres Erbmaterials.

Neben all dem Negativen, das es unzweifelhaft gibt, auch das wahrzunehmen und anzuerkennen, was bereits an Positivem in unserem Leben vorhanden ist, was bereits funktioniert, womit man bereits zufrieden ist, ist kein Schönreden, sondern ein wichtiger Schritt hin zu einer ausgewogenen Betrachtungsweise und zu einer Einstellung, die konkrete körperliche Auswirkungen hat.

Unsere Denkgewohnheiten basieren auf alten evolutionsbedingten Mustern. Zumindest lautet eine plausible Erklärung für unseren Hang zu negativem Denken, genauer gesagt zu einer Wahrnehmung vor allem von als unangenehm bis bedrohlich empfundenen Ereignissen: Negative Reize werden von unserem Gehirn priorisiert verarbeitet, denn die Chance, eine Bedrohung und Gefahr abzuwehren, hatten unsere Vorfahren nur ein Mal. War ihre Reaktion zu langsam, konnte das ihr Leben kosten. Stichwort „Rascheln im Gebüsch“. Vielleicht nur der Wind oder ein Reh, vielleicht aber auch ein sich anpirschender Säbelzahntiger. Auch heute noch erzeugen manche Geräusche einen sofortigen Adrenalinschub, der in Sekundenbruchteilen den ganzen Körper auf Flucht oder Kampf vorbereitet.

Übersahen unsere Vorfahren hingegen einen positiven Reiz, waren die möglichen Folgen weit weniger folgenschwer. Das hängt uns heute noch nach. Wir können jedoch, wie bereits angedeutet, gegensteuern. Und wir tun gut daran, uns darin zu üben.

Grenzen oder Hindernisse für das Selbstcoaching

Manchmal ist das eigene Erleben allerdings so festgefahren oder die Batterie zu leer, um selber wieder in die Gänge zu kommen oder das praktisch zu leben, was wir intellektuell bereits wissen. Manche Veränderungen scheinen in solchen Phasen der Kraft- oder Energielosigkeit und tiefer Frustration kaum vorstellbar oder sind sogar beängstigend. In diesen Fällen ist es besser, sich professionelle Begleitung zu suchen, als sich selbst unter Druck zu setzen, etwa durch alte Glaubenssätze wie „Ich muss das alleine schaffen!" oder „Streng dich (noch mehr) an!". Betrachten Sie dann extern begleitetes Coaching als ein Geschenk an sich selbst. In vielen anderen Bereichen (wie z. B. in Gesundheitsfragen, bei Fragen zur Inneneinrichtung oder zum Outfit) nehmen wir die Hilfe von Fachleuten in Anspruch. Warum also nicht auch bei wichtigen Lebensfragen bzw. Entscheidungen?

Auf Schwierigkeiten trifft jeder von Zeit zu Zeit. Aber zu wissen, wie man mit diesen Schwierigkeiten umgeht, setzt Geduld und manchmal auch ein gewisses Experimentieren und Ausprobieren voraus. Von der Expertise eines Fachmanns oder einer Fachfrau zu profitieren kann dabei ein wichtiger erster Schritt sein.

Ob Sie sich nun aber in Eigenregie oder mit einem Coach zusammen auf den Weg zu Ihrem Ziel machen, gehen müssen Sie selbst. Und glauben Sie mir: Es lohnt sich! Schnüren wir also die Schuhe.

1. Der Ausgangspunkt – worum geht es mir?

1.1 Der Anlass

Warum halten Sie gerade dieses Buch in Ihren Händen? Was war der Auslöser dafür? In welchem Bereich Ihres Lebens wünschen Sie sich eine Veränderung? Wobei hätten Sie gerne mehr Klarheit?

In jedem Fall haben Sie sich schon entschieden, sich selbst Zeit zu widmen, indem Sie dieses Buch lesen. Und das ist schon der erste entscheidende Schritt. Denn sich selbst Zeit zu nehmen und zu gönnen ist eine der wichtigsten Grundlagen für den Erfolg von Selbstcoaching – übrigens auch von einem professionell begleiteten Coaching. Sehen Sie das Lesen und Durcharbeiten dieses Buchs als für Sie selbst gebuchte Zeit an. Vielleicht reservieren Sie sich sogar in Ihrem Terminkalender extra Zeit dafür und arbeiten dann in Ihrem eigenen Rhythmus – täglich in der Früh oder am Abend, alle paar Tage oder einmal die Woche. So, wie es Ihnen entspricht.

Möglicherweise ist Ihnen der Anlass für das Selbstcoaching schon sehr klar, aber Sie wissen noch nicht, wie Sie am besten zu Ihrem Ziel gelangen sollen. Oder aber Sie haben nur ein vages Gefühl, dass Sie etwas in Ihrem Leben ändern sollten, wissen aber noch nicht, was genau es ist.

Worum geht es genau?

Nehmen Sie sich nun Zeit, Ihr vertrautes Ufer genauer unter die Lupe zu nehmen. Was passt hier nicht? Warum zieht es Sie zu neuen Ufern? Inspizieren Sie das Umfeld, in dem Sie sich gerade befinden, genau, bevor Sie den Blick zum neuen Ufer wenden. Die detaillierte Beschreibung der Situation – das, worum es geht – ist besonders wichtig für den Erfolg des Selbstcoachings. Lassen Sie mich durch ein kurzes Beispiel verdeutlichen, was ich damit meine: Sie könnten als Problembereich Ihre Schulden identifizieren. Also kommen Sie schnell zu dem Schluss: Es geht darum, dass Sie zu wenig Geld verdienen. Folglich lautet Ihr Ziel, mehr zu verdienen. Jetzt arbeiten Sie also an diesem Ziel weiter und überlegen sich Maßnahmen wie das Vorbereiten und Führen einer Gehaltsverhandlung, einen möglichen Jobwechsel, eine bessere Eigen-PR etc. Möglicherweise löst all das Ihr Problem aber nur kurzfristig. Wenn überhaupt. Denn vielleicht besteht das „wirkliche" Problem darin, dass Sie mit dem vorhandenen Geld nicht adäquat umgehen. Sie geben einfach regelmäßig mehr Geld aus, als Sie verdienen. In diesem Fall würde Ihr Ziel eher lauten, mehr zu sparen und zu lernen, mit dem Geld besser hauszuhalten.

Die Art und Weise, wie Sie die Situation beschreiben, die Sie als problematisch erleben und verändern möchten, beeinflusst also massiv, was Sie als Ziel definieren. Das wiederum bestimmt, welche Maßnahmen Sie in der Folge ergreifen werden. Daher macht es Sinn, am Beginn etwas mehr Zeit aufzuwenden, um das, was Sie verändern möchten, in Ruhe zu betrachten, zu hinterfragen und – z. B. durch mehrere Warum-Fragen hintereinander – herauszufinden, was Sie wirklich erreichen wollen: Worum geht es mir, und warum will ich das überhaupt? Anders gefragt: Was ist das Ziel hinter dem Ziel?

Vor einiger Zeit hatte ich eine Coachee, die bereits mit einem ganz klaren Ziel zu mir kam. Sie meinte sinngemäß: „Ich bin Anfang 30, habe eine Führungsposition, will den nächsten Schritt machen und die nächsthöhere Position bekommen. Ich will mit Ihnen daran arbeiten, wie ich besser wahrgenommen werden kann, damit meine Vorgesetzten mir den nächsten Schritt zutrauen." Also stellte ich ihr eine Frage, die ich in dem Zusammenhang immer stelle: „Auf einer Skala von eins bis zehn, wie gut werden Sie bereits in Ihrer Firma wahrgenommen (1 = gar nicht, 10 = besser geht nicht)?" Sie überlegte kurz, lächelte und meinte dann: „Acht!" Aha, überraschend.

Da sie zuvor einen Kollegen erwähnt hatte, der in der gleichen Position arbeitete, fragte ich weiter: „Wenn ich diesen Kollegen fragen würde, wie gut Sie im Unternehmen bereits wahrgenommen werden, was würde der mir dann sagen?“ Darauf meinte sie: „Neun.“ Da ihr anfangs formuliertes Ziel bereits in hohem Ausmaß erreicht war (was ihr bis zu diesem Zeitpunkt gar nicht bewusst gewesen war), stellte sich mir natürlich die Frage: Worum geht es ihr wirklich? Was ist das Motiv und Ziel hinter diesem „besser wahrgenommen werden“? Wie sich bald herausstellte, ging es ihr um das Thema Selbstwert, was dann zu einer entsprechenden Neuformulierung ihres Ziels führte (neben einer bewussten Würdigung der Tatsache und dem emotionalen Auskosten der inneren Befriedigung, dass sie ein wichtiges Ziel, „besser in der Firma gesehen zu werden“, bereits in hohem Maß erreicht hatte).

Dieser erste Schritt – das Identifizieren des Anlasses – dient dazu, die Basis für eine gute und gelingende Zielarbeit zu legen. Einerseits, indem diffuse Unzufriedenheitsgefühle so lange betrachtet und hinterfragt werden, bis deutlich wird, was dahintersteckt, was genau Ihnen daran wichtig ist, um welche Wünsche und Bedürfnisse es dabei geht. Andererseits, indem bereits klar definierte Ziele daraufhin abgeklopft werden, wo Sie derzeit stehen und warum Ihnen dieses Ziel so wichtig ist: Was erhoffen Sie, in Ihrem Leben zu gewinnen, wenn Sie dieses Ziel erreichen?

Manchmal macht es Sinn, erst einmal den Blick zu weiten und den Geist „fliegen zu lassen“, um den eigenen, verschütteten Träumen nachzuspüren, ihnen wieder mehr Gehör zu verschaffen und sie ernst zu nehmen. Auch als verborgene Energiequellen. In anderen Lebenssituationen erscheint es hingegen sinnvoller, den Blick eher zu fokussieren, um aus den zahlreichen oder noch abstrakten Veränderungswünschen die wichtigsten oder jene mit der meisten Energie oder die am schnellsten umsetzbaren herauszugreifen und eine Art Rangfolge zu bilden. So kommen Sie aus dem „Ich-weiß-nicht-was-ich-will“- oder „Ich-kann mich-nicht-entscheiden“-Zustand heraus, der viele Menschen davon abhält, konkrete erste Schritte zu gehen und das Leben stärker in die eigenen Hände zu nehmen.

Wenn in Ihrem Kopf gleich mehrere Ziele herumschwirren, und Sie wissen nicht genau, womit Sie beginnen sollen, könnte Ihnen auch folgende Frage helfen: Welches Ihrer Ziele hat den wahrscheinlich stärksten positiven Einfluss auf Ihre anderen Ziele?

In der Anlass-Phase geht es also darum, sich Zeit für sich selbst zu nehmen. Zeit zum Träumen und Zeit zum Analysieren. Zeit, um in Ruhe das eigene Leben zu betrachten, die verschiedenen Lebensbereiche systematisch durchzugehen (z. B. mit der Übung „Die 4 Säulen der Identität“, S. 29) und so immer deutlicher zu spüren: Wo ist der Druck zur Veränderung (die eigene Unzufriedenheit) bzw. Lust und Wille zur Veränderung am größten? Nicht jedes aus einer momentanen Emotion schnell dahingesagte „Ich wünschte, ich hätte einen anderen Job, … ich würde auf einer Insel leben, … ich wäre wieder Single" usw. markiert den Anstoß zu einer tatsächlichen Lebensumstellung. Umso wichtiger ist es, herauszufiltern, wo der Leidensdruck kaum mehr auszuhalten oder die Lust auf Veränderung besonders groß ist. Starke Emotionen versorgen uns mit Treibstoff, sie liefern uns die nötige Energie, um den mitunter beschwerlichen Weg in Angriff zu nehmen und auch durchzuhalten.

Die nachfolgenden Methoden unterstützen Sie dabei, sich selbst auf die Spur zu kommen. Sie helfen Ihnen, ein noch vages, diffuses Unbehagen zu konkretisieren und herauszufinden, wo genügend Energie vorhanden ist, bestimmte Aspekte Ihres Lebens zu verändern.

In diesem ersten Schritt geht es also noch nicht um Ziele. Es geht darum, sich Zeit zu nehmen, das eigene Leben einmal wohlwollend von verschiedenen Seiten zu betrachten und zu schauen, wo Sie bereits so leben, wie es Ihren Wünschen und Bedürfnissen entspricht, wo eigentlich „alles passt", und wo das Gefühl dominiert: „So habe ich mir das nicht vorgestellt." Immer wieder in unserem Leben – sei es bei der ersten Berufsentscheidung, späteren Berufswechseln, markanten Einschnitten wie Karrieresprüngen, aber auch angesichts von Unfällen, Todesfällen oder Scheidungen im Familien- und Freundeskreis – kommen wir an einen Punkt, an dem wir uns fragen: „Lebe ich eigentlich so, wie ich das wollte? War es das schon? Kommt noch was? Fehlt da nicht noch etwas?" Tut sich hier eine Kluft auf zwischen dem, wie es ist, und dem, wie Sie es gerne hätten, ist das zumindest einmal ein Ansatz für mögliche Veränderungen, die einen genaueren Blick wert sind.

Zugang zu unseren Energiequellen finden

Viele Menschen tun sich auch deshalb schwer, eigene Ziele klar zu definieren, weil sie ihre frühen Leidenschaften schon vor langer Zeit innerlich weggeschlossen haben. Sei es, weil ihnen von klein auf gesagt wurde: „Das geht nicht!", „Schlag dir das aus dem Kopf!", „So ein Blödsinn!", „Das kannst du nicht!", sei es, weil sie selbst zu dem Schluss gekommen sind, dass dieser Wunsch „unvernünftig", „unangemessen" oder „unrealistisch" ist. Auf diese Weise schneiden wir uns bedauerlicherweise selbst von unserer wichtigsten inneren Energiequelle ab: unseren wahren Leidenschaften. Daher meint die Aussage, uns selbst auf die Spur zu kommen, auch und vor allem, diese verschütteten oder gut zugedeckten, tiefen Wünsche und Träume („Wenn ich mal groß bin, dann …", „Am liebsten würde ich …") wieder auszugraben und unter den heutigen Voraussetzungen noch einmal anzuschauen: Was wünsche ich mir heute noch genauso wie damals, was nicht? Was zaubert immer noch ein Lächeln auf mein Gesicht? Was begeistert und fasziniert mich immer noch, und wo haben sich meine Interessen geändert?

Wenn Sie sich schwer damit tun, ein klares Bild zu bekommen, wohin es Sie zieht, macht es Sinn, Druck rauszunehmen und „den Raum zu öffnen". Verkrampft, unter Druck ein Ziel zu formulieren funktioniert kaum. Also probieren Sie etwas anderes. Zum Beispiel könnten Sie es als Ihr Ziel definieren, „innerhalb einer Forschungsphase von zwei Wochen oder zwei Monaten ein erstes klares Ziel zu entdecken, indem ich eine systematische Bestandsaufnahme mache, mich dazu intensiv mit meinen Interessen und Bedürfnissen beschäftige, in mich hineinhorche und zusätzlich meine nahe Umgebung mit einbinde".

So könnten Sie mit fünf bis zehn Personen aus dem Familien- und Freundeskreis Gespräche führen und sie fragen: „Ich hätte gerne eine ehrliche, ungeschminkte Rückmeldung von dir: Wie erlebst du mich? Was glaubst du, was ich gerne mache? Was mache ich deiner Meinung nach besonders gut? Wo habe ich deiner Meinung nach besondere Fähigkeiten? Hast du irgendwelche Beispiele, wo das für dich sichtbar geworden ist? Wo zieht es mich deiner Meinung nach hin?" Dabei geht es nur um das Sammeln von Eindrücken, um das Einbeziehen verschiedener Perspektiven in die eigenen Überlegungen, nicht um richtig oder falsch! Sie hören sich die Rückmeldungen an – ohne zu diskutieren! – und schreiben sie mit, und zwar alle Rückmeldungen, ohne sie gleich zu zensieren. Zu einem späteren Zeitpunkt nehmen Sie sich die Liste wieder vor und überlegen dann bei jedem einzelnen Punkt:

- Bringt das etwas in mir in Schwingung bzw. zum Klingen?
- Entdecke ich mich da wieder oder nicht?
- Würde mir das Spaß machen?
- Fällt mir das leicht?
- Zieht mich das an?

Und als wichtigen Gegencheck: Was sagt das einerseits über mich aus, was sagt das andererseits aber auch über den anderen und seine Träume und Wünsche aus: zum Beispiel darüber, was der / die andere für ein Lebenskonzept hat, von dem er / sie mich vielleicht zu überzeugen versucht.

Überzeugungen hinterfragen

Bevor wir gleich zu den Übungen kommen, noch ein letzter Hinweis, basierend auf Erfahrungen, die ich bereits mehrmals im Coaching gemacht habe. Es gibt gar nicht so wenige Menschen, die irgendwann in ihrem Leben zu der Überzeugung gelangt sind: „Ich tue mich schwer, klare Ziele zu definieren. Ich kann das irgendwie nicht." Diese Überzeugung wird wie eine Art Schild vor sich hergetragen und wie ein inneres Mantra ständig aufgesagt. Betrachtet man aber als außenstehender Beobachter das Leben dieser Menschen, stellt man fest, dass diese Überzeugung wenig mit der (zumindest äußeren) Realität zu tun hat. Sie leben auf eine ganz bestimmte Art und Weise, tun bestimmte Dinge und andere nicht (Der eine ist z. B. sehr sozial, hilft gern anderen Menschen und blüht dabei richtig auf. Der andere „hat ein Händchen für Zahlen", ist sehr genau, sehr ordentlich und strukturiert, kann sich und andere gut organisieren). Vor allem merken solche Leute sehr schnell, „wenn sie vom Weg abkommen", etwa wenn sie zu etwas aufgefordert werden, „was ihnen nicht entspricht". Sie leben also nach sehr klaren Vorstellungen und Prinzipien und sind oft sehr fokussiert. Dessen sind sie sich aber gar nicht bewusst, weil sie mit einer gegenteiligen Überzeugung durchs Leben gehen. In diesem Fall braucht es keinen aufwändigen Ziele-Suchprozess, sondern nur ein Aufzeigen dessen, was die Person bereits ständig tut, um ihr dabei zu helfen, eine veraltete Überzeugung zu revidieren. Dann folgt oft das Aha-Erlebnis: „So habe ich das noch nie gesehen. Aber das mache ich wirklich."

Sollten Sie also auch der festen Überzeugung sein, die Konkretisierung Ihrer Ziele könne Ihnen nicht gelingen, dann machen Sie sich bitte bewusst, wie *zielorientiert* Ihr Alltag bereits *von Ihnen* gestaltet wird.

1.2 Übungen

Wenn der Anlass Ihres Selbstcoachings für Sie sehr klar ist, dann können Sie jetzt gleich zu Kapitel 2 vorblättern und die folgenden Übungen überspringen.

Zentral bei den Übungen in diesem Kapitel ist nicht, sich einen idealen Zustand auszumalen, um sofort ein Ziel daraus abzuleiten. Hier geht es darum, die Wahrnehmung dafür zu schärfen, wo Ihr Leben bereits so verläuft, wie Sie es sich wünschen, und wo nicht. Wo besteht also gegebenenfalls ein Wunsch nach Veränderung? Das ist vorläufig nicht mehr als ein erstes Indiz, ein Hinweis darauf, dass hier ein möglicher Ansatzpunkt für die Veränderungsarbeit besteht. Erst wenn Ihnen dieser Bereich auch wirklich wichtig ist, Sie eine Veränderung wirklich wünschen, für möglich halten und sich selbst auch zutrauen, wird daraus ein persönliches Ziel. Dazu dann mehr im nächsten Kapitel.

Träume

Inhalt: Tagträume zulassen und bewusst erleben

Ziel: Sich selbst auf die Spur kommen; verschüttete oder gut verdeckte Wünsche und Träume wieder „ausgraben" und unter den heutigen Voraussetzungen noch einmal betrachten

Geben Sie sich im ersten Schritt die Erlaubnis, Tagträume zuzulassen und alles, was Ihnen dazu einfällt, zu notieren. Nehmen Sie sich dafür Zeit, eventuell wiederholen Sie diese Übung öfter und ergänzen das Bild immer wieder.

Hilfreiche Fragen, um den eigenen Wünschen auf die Spur zu kommen, könnten sein:
- Was wollte ich als Kind werden, wenn ich mal groß sein würde?
- Wie wollte ich sein, „wenn ich mal groß bin"?

Gerade bei alten, vielleicht schon verschütteten Bildern kann es hilfreich sein (ohne sich aber auf Diskussionen einzulassen!), Eltern, Geschwister oder Freunde aus der Kindheit zu fragen: „Was wollte ich denn damals werden? Was hat mich damals begeistert? Könnt ihr euch noch erinnern?"

Und aus heutiger Sicht kann man sich fragen: Was würde ich tun, wenn …
- … ich mehr Geld hätte, als ich ausgeben kann?
- … ich keine Verpflichtungen (Familie, Kinder, Job etc.) hätte?
- … ich so viel Zeit hätte, wie ich nur wollte?

In einem zweiten Schritt suchen Sie positive Erfahrungen aus Ihrer Vergangenheit, wo Sie diesen Traum vielleicht schon ein Stück weit gelebt haben. Auch wenn es nur einige Minuten, ein Tag oder eine Woche war. Finden Sie solche Situationen in Ihrer Vergangenheit, von denen Sie gern noch mehr hätten, und halten Sie diese Erfahrungen und Bilder schriftlich fest.

Variante für Paare

Eine weitere Möglichkeit besteht darin, dass Partner jeweils zuerst für sich selbst diese Übung machen und sich dann über die jeweiligen Bilder austauschen. Auch und vor allem darüber, wie man mit unterschiedlichen Bildern kreativ umgehen kann. In dem Film *Don Juan De Marco* kommt der Psychiater Jack Mickler (gespielt von Marlon Brando) eines Tages nach Hause, inspiriert von einem Gespräch mit seinem Patienten Don Juan, und fragt seine von Faye Dunaway gespielte Frau: „Was waren eigentlich deine Träume, als du jung warst? Und was davon ist uns auf dem Weg verloren gegangen?" Das Berührende an dieser Szene ist, dass sie nach 30 oder 40 Jahren Ehe zum ersten Mal darüber reden, was jeder von ihnen in seiner Kindheit und Jugend einmal für Träume hatte. Und dass sie merken, dass es für die Realisierung einiger dieser Träume noch nicht zu spät ist!

Die Weichen neu stellen

Ich erinnere mich an einen Coachee, mit dem ich diese Übung gemacht habe. Er war 47 Jahre, Familienvater und hatte gerade seine Arbeit als Verkäufer in einem Musikinstrumentengeschäft gekündigt, weil er etwas ganz anderes machen wollte. Was, das wusste er noch nicht. Um das herauszufinden, kam er ins Coaching. Er hatte das Gefühl, sein Leben lang etwas gemacht zu haben, was ihn nicht wirklich erfüllte. Er habe so viele Talente und wolle endlich einmal einen Beruf ausüben, der ihn zufrieden mache. Im Musikinstrumentenverkauf arbeitete er die letzten 20 Jahre sehr erfolgreich. Seine alte Firma würde ihn auch sofort wieder einstellen, wenn er es wollte.

Mit seiner Frau hatte er vereinbart, sich ein halbes Jahr zu gönnen, um über alternative Berufswege nachzudenken und die Weichen für sein berufliches Leben neu zu stellen. Die rationale Herangehensweise – alles aufzählen, was für ihn als weiteren Berufsweg infrage käme, und Vor- und Nachteile abwägen – brachte wenig. Er kam auf über zehn Möglichkeiten, von Synchronsprecher (dazu hatte er eine Ausbildung gemacht und auch schon Erfahrung gesammelt) über Schauspieler (hier hatte er auch eine Ausbildung), Persönlichkeitstrainer bis hin zur Eröffnung eines eigenen Musikgeschäfts. Es war schnell klar, dass er sich schon sehr viele Gedanken gemacht hatte, sich aber im Kreis drehte und keinen Ausweg fand. Also wählte ich die Übung „Träume". Und da tauchte bei ihm das innere Bild von einem eigenen Musikstudio auf und davon, Filmmusik zu produzieren. Er sah sich als jemanden, der Filmszenen und Musik verbindet. Bei der Nachbesprechung seines „Traums" zeigte sich, dass er sehr viel über Filmmusik wusste und auch schon für einen Bekannten bei einer kleineren Videoproduktion die Vertonung machen durfte. Er blühte richtig auf bei dem Gedanken, sich weiter mit diesem Thema zu beschäftigen. Es war für ihn klar, dass er sich nun mit diesem Wunschbild konkreter auseinandersetzen wollte. Im nächsten Schritt ging es um eine konkrete Zielformulierung für das weitere Coaching.

Und an diesem Punkt startet dann jene „Arbeit", die ich in den nächsten Kapiteln dieses Buchs beschreibe.

Für alle, die sich jetzt fragen, was aus diesem Klienten und seinen Träumen geworden ist, hier meine letzte Information: Als ich ihn vor einiger Zeit wieder getroffen habe, erzählte er mir, dass er sich gerade in einem Unternehmensgründungsprogramm befinde mit dem Ziel, seine Selbstständigkeit systematisch vorzubereiten. Die ersten konkreten Schritte in Richtung „neues Ufer" sind also getan.

Mein idealer Tag

Inhalt: Wie sieht mein idealer Morgen aus, wie mein idealer Abend?

Ziel: Sich selbst auf die Spur kommen; verschüttete oder gut verdeckte Wünsche und Träume wieder ausgraben und unter heutigen Voraussetzungen noch einmal betrachten; Identifizieren von Veränderungspotenzial

Wichtig ist, sich bei dieser Übung nicht selber „vernunftmäßig" einzuschränken. Es geht um Ihren ganz persönlichen „idealen" Tag, egal, wie der ausschaut. Wie müsste dieser Tag ablaufen, damit Sie sich denken: „Wow, genau so stelle ich mir mein Leben vor! Was für ein toller Tag!"?

Für manche Menschen läuft dieser Tag vielleicht sehr strukturiert ab. Mit klar definierten Routinen, möglichst ohne Überraschungen. Andere wiederum brauchen Abwechslung, am besten jeden Tag etwas anderes, Neues. In diesem Fall beschreiben Sie einfach mehrere Tage oder eine ganze Woche und achten dabei darauf: Was ist jeweils anders, wenn Sie von Abwechslung sprechen? Der Ort, die Menschen, die Tätigkeit?

Also: Was ist mein idealer Tag (unter der Woche, am Wochenende)? Wann bin ich total zufrieden? Bitte notieren Sie alle Punkte, die Ihnen dazu einfallen. Versuchen Sie, so genau wie möglich Ihren Tag zu beschreiben.

Hilfreiche Fragen dabei könnten sein:

- Wo verbringe ich die Zeit (zu Hause, im Büro, unterwegs, in der Natur …)?
- Mit wem verbringe ich meine Zeit (bei unterschiedlichen Personen – mit welchen? Wie lange mit wem? Bestimmte Zeiten lieber alleine?)?
- Womit verbringe ich meine Zeit? (Tätigkeiten genau auflisten)
- Wie ist der Tag strukturiert? (Termine, fixe Zeiten, total ungeplant …)

In einem zweiten Schritt fragen Sie sich: Wie weit ist der ideale Tag von meinem derzeitigen (All-)Tag entfernt? Ist er sehr weit weg, werden Sie länger brauchen und mehr ändern müssen, als wenn Sie merken, dass da eigentlich nur Nuancen den Unterschied machen.

Diese Übung mache ich auch sehr gerne, wenn es um das Thema Berufswahl geht. Dann heißt sie „Mein idealer *Arbeits*tag" bzw. „Meine ideale *Arbeits*woche". Gerade für Menschen, die mit ihrer derzeitigen Arbeit unzufrieden sind, kann diese Übung sehr erhellend sein, denn je nach Anlass für die Unzufriedenheit sehen die Lösungen höchst unterschiedlich aus. Möglicherweise zeigt sich bei der Übung, dass Ihnen der Job als solcher großen Spaß macht und befriedigend ist, nur das Arbeitsumfeld bereitet Ihnen Probleme: z. B. Kollegen oder ein/e Vorgesetzte/r, mit dem / der Sie nicht gut können. Dann bieten sich natürlich ganz andere Maßnahmen zur Veränderung der Situation an, als wenn Sie merken, dass Sie die Tätigkeit an sich langweilt, aber z. B. die Arbeit im Team Spaß und Sinn macht und Sie genau das bisher davon abgehalten hat, nach einer befriedigenderen Tätigkeit Ausschau zu halten.

Beispiel

Neue Freiheit gewinnen

Ein Frau, Anfang 40, kam ins Coaching, weil sie unzufrieden mit ihrer bisherigen Lebenssituation war. Nach genauerem Nachfragen stellte sich die sechsjährige Beziehung der Frau als vorrangiges Anliegen heraus. Da sie aber in ihren Schilderungen sehr diffus blieb und nicht genau sagen konnte, was sie konkret störte bzw. was sie gerne anders hätte, wählte ich die Übung „Mein idealer Tag".

Ihre Beschreibung lautete folgendermaßen: „Ich stehe auf, mache mir ein super Frühstück, dabei lese ich die Zeitung. Da ich selbstständig bin und meine Zeit individuell einteilen kann, brauche ich keinen Wecker. Im Büro treffe ich meine Mitarbeiterin, wir besprechen alles Wichtige, und ich führe Kundengespräche. Zu Mittag lege ich mich für 20 Minuten hin, um dann am Nachmittag meine Computerarbeit aufzunehmen. Am Abend gehe ich eine Stunde ins Fitnesscenter, und danach treffe ich mich mit einer Freundin auf ein Getränk in meiner Lieblingsbar." Ganz ähnlich sollte ihre ideale Woche aussehen.

Auffallend war natürlich, dass ihr Lebensgefährte gar nicht in der Beschreibung vorkam. Das brachte sie sehr zum Grübeln. Wir analysierten, wie weit die Idealvorstellung von ihrem derzeitigen Leben entfernt war. Ihre Ansatzpunkte für eine genauere Zielformulierung lauteten entsprechend: mehr Freiheiten zu haben, sich nicht immer nach dem Lebenspartner richten zu müssen und mehr Zeit für sich selber zu haben.

Vier Säulen der Identität

Inhalt: Die vier Lebensbereiche (Gesundheit / Körper, soziale Beziehungen, Arbeit, Werte / Sinn) beleuchten: Wie solide sind die einzelnen Säulen in Ihrem Leben?

Ziel: Identifizieren von Veränderungspotenzial

Eine Ursache für die Unzufriedenheit mit dem aktuellen Leben kann sein, dass Ihnen eine klare Perspektive bzw. klare Ziele in einem (oder mehreren) der vier Lebensbereiche „Gesundheit und Körper“, „Soziale Beziehungen“ „Beruf und Arbeit“ sowie „Werte und Sinn“ fehlen (vgl. Abb. 1.1).

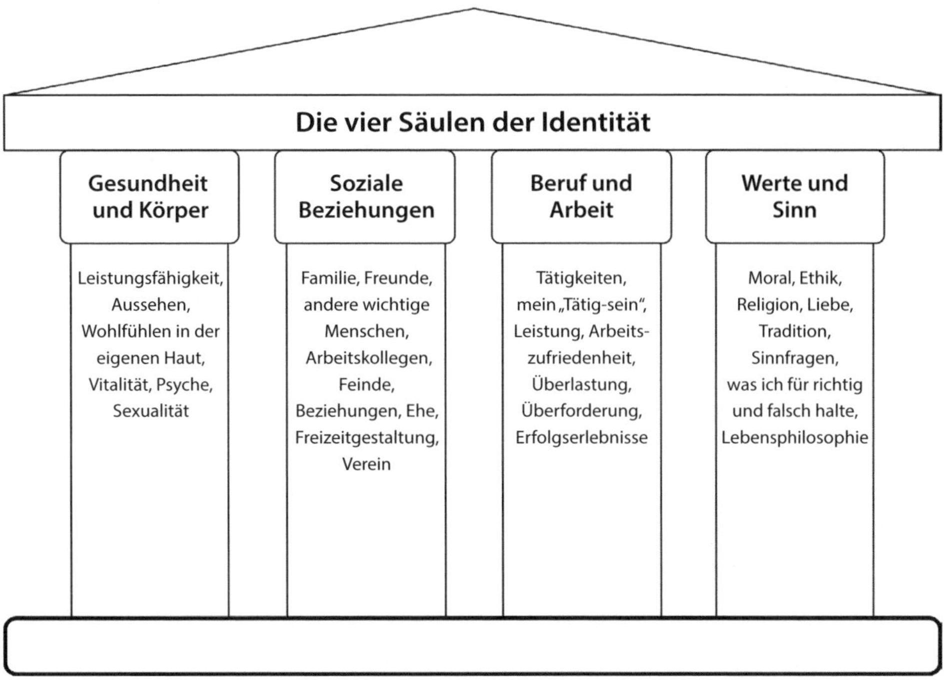

Abbildung 1.1: Vier Säulen der Identität

In der Alltagshektik übersehen wir oft, dass diese vier Lebensbereiche in einer Wechselbeziehung zueinander stehen. Deshalb verliert, wer zum Beispiel den Bereich „Berufliches Leben" längerfristig überbetont, auf Dauer neben seiner Lebensfreude auch seine Leistungskraft. Denn:

- Wer krank ist, kann weder sein Leben in vollen Zügen genießen, noch ist er voller Leistungskraft.
- Wer einsam ist, ist weder „quietsch-vergnügt", noch kann er seine volle Energie auf seinen Job verwenden.
- Wer in einer Sinnkrise steckt, ist weder „lebensfroh" noch sehr leistungsfähig. Denn hinter allem Tun steht die Frage: Was soll das Ganze? Wozu mache ich das überhaupt?

Wenn wir ein erfülltes Leben führen möchten, müssen wir also für die rechte Balance zwischen den vier Lebensbereichen sorgen. Das gelingt uns nur, wenn wir eine Vision von unserem künftigen Leben haben. Die benötigen wir auch deswegen, weil heute viele Anforderungen an uns gestellt werden, die sich nur bedingt miteinander vereinbaren lassen.

Mit Balance ist jedoch nicht gemeint, dass alle vier Säulen immer genau gleich stark sein müssen. Man sollte bloß keine aus dem Blick verlieren und darauf achten, dass sie über die Zeit gesehen in Balance sind. Entsprechend den verschiedenen Lebensphasen wird es immer wieder zu Verschiebungen und unterschiedlichen Gewichtungen kommen. Vereinfacht gesagt: Nach dem Einstieg in den Beruf ist es durchaus normal, den Schwerpunkt auf seine Arbeit zu legen und vorankommen zu wollen. Kommt irgendwann das erste Kind, ist es genauso normal (mittlerweile auch für immer mehr Männer), mal eine Zeit lang kürzer zu treten und sich mehr Zeit für die Familie zu nehmen.

Ein interessantes Jobangebot oder ein unvermuteter Jobverlust wiederum stellt immer auch eine Möglichkeit dar, innezuhalten, in sich zu gehen und sich zu fragen: In welche Richtung möchte ich mich eigentlich entwickeln? Bringt mich dieser neue Job / der nächste Karriereschritt wirklich näher an meine Lebensziele, oder wird das Leben dadurch nur anstrengender (= noch weniger Zeit für Partner / Familie, noch längere Arbeitstage, noch mehr Geschäftsreisen etc.)?

Von Zeit zu Zeit ist es daher wichtig, eine Bestandsaufnahme seiner aktuellen Lebenssituation zu machen. Speziell dann, wenn Sie das Gefühl haben festzustecken, unglücklich zu sein oder sich energielos zu fühlen, aber die genauen Gründe dafür noch nicht festmachen können, ist ein guter Zeitpunkt für diese Übung.

Der Fragebogen

Mit diesem Fragebogen können Sie überprüfen, ob sich die vier Säulen in Ihrer aktuellen Lebenssituation in Balance befinden. Die folgenden Aussagen sollen Sie anregen, sich mit Ihrer derzeitigen Situation auseinanderzusetzen, damit Sie sowohl Ressourcen als auch Problembereiche bewusst erkennen können. Durch diese Erkenntnisse können Sie Veränderungspotenzial freisetzen und die nötigen Änderungen herbeiführen.

Fragen Sie sich bei jeder Aussage, wie sehr sie auf Sie zutrifft. Legen Sie eine Skala von eins bis zehn zugrunde, wobei der Wert 1 der Antwort „trifft überhaupt nicht zu" entspricht und der Wert 10 „vollkommene Zustimmung" signalisiert.

1 = „trifft überhaupt nicht zu" bis 10 = „volle Zustimmung"

	Frage	Bewertung
1.	Ich bin oft an der frischen Luft.	
2.	Ich entwickle mich in meinen beruflichen Tätigkeiten weiter.	
3.	Ich bin zufrieden mit meinem Freundeskreis.	
4.	Ich glaube an das Positive im Menschen.	
5.	Ich komme gut mit meinen Mitmenschen zurecht.	
6.	Ich kann mich an den kleinen Dingen des Lebens erfreuen.	
7.	Ich fühle mich vital und fit.	
8.	Ich freue mich auf meine berufliche Zukunft.	
9.	Ich empfinde Dankbarkeit für meine Lebenssituation.	
10.	Ich habe genug Freizeit.	
11.	Ich schlafe genug.	
12.	Ich arbeite in einem vertrauensvollen Klima.	
13.	Ich genieße mein Leben.	
14.	Kommunikation mit anderen bereitet mir Spaß.	

Frage	Bewertung
15. Ich gönne meinem Körper regelmäßige Entspannung.	
16. Ich habe eine motivierende Vorstellung von meiner beruflichen Zukunft.	
17. Ich fühle mich von meinen Mitmenschen verstanden.	
18. Ich habe die Träume meiner Jugend verwirklicht.	
19. Ich habe ausreichend Bewegung.	
20. Ich habe Freude an meinen beruflichen Aufgaben.	
21. Ich bin gesund.	
22. Ich glaube an Gott oder an Kräfte, die „größer" sind als wir.	
23. Ich weiß genau, was mein Unternehmen von mir erwartet.	
24. Ich genieße gemeinsame Erfolgserlebnisse.	
25. Ich glaube an mich selbst.	
26. Meine erbrachte Leistung ist das Geld wert.	
27. Ich halte ein gesundes Maß mit allen Genussmitteln.	
28. Ich mag die Menschen, mit denen ich täglich zu tun habe.	
29. Ich gehe morgens gern zur Arbeit.	
30. Ich fühle mich wohl in meiner Haut.	
31. Ich kann mich auf meine Freunde verlassen.	
32. Ich glaube an die Liebe.	
33. Ich habe eine gute körperliche Kondition.	
34. Ich verdiene genug Geld.	
35. Ich verbringe genug Zeit mit meinen Freunden.	
36. Ich bin ein glücklicher Mensch.	
37. Ich bin mit meiner sozialen Situation zufrieden.	

Frage	Bewertung
38. Ich habe aus den Krisen meiner Vergangenheit viel gelernt.	
39. Ich bin zufrieden mit meinem Körpergewicht.	
40. Ich ernähre mich gesund.	
41. Ich fühle mich glücklich mit meinem/r Lebenspartner/in.	
42. Ich empfinde mein Leben als sinnvoll.	
43. Ich kann meine berufliche Situation kontinuierlich verbessern.	
44. Ich bin zufrieden mit meinem derzeitigen Job.	
45. In unserer Familie leben wir das Win-win-Prinzip.	
46. Ich bin zufrieden mit meinem bisherigen Leben.	
47. Ich mag meinen Körper.	
48. Ich bin im Beruf voll motiviert.	
49. Ich kenne meine persönliche Bestimmung.	
50. Ich erhalte genug berufliche Anerkennung.	
51. Ich achte auf die Signale meines Körpers.	
52. Das Klima in meiner Familie ist liebevoll.	
53. Ich leiste täglich meinen persönlichen Beitrag zum Wohle aller.	
54. Ich fühle mich ausreichend geliebt.	
55. Ich trainiere meinen Körper.	
56. Meine Arbeits- und Freizeit ist optimal ausbalanciert.	
57. Ich fühle mich von anderen Menschen voll akzeptiert.	
58. Ich weiß genau, wofür ich bezahlt werde.	
59. Ich nehme mir genug Zeit zum Essen.	
60. Ich lache gern und oft.	

Auswertung

Säule Gesundheit und Körper

Zählen Sie die Punkte folgender Aussagen zusammen:

1	7	11	15	19	21	27	30

33	39	40	47	51	55	59	
							=

Säule Beruf und Arbeit

Zählen Sie die Punkte folgender Aussagen zusammen:

2	8	10	16	20	23	26	29

34	43	44	48	50	56	58	
							=

Säule Soziale Beziehungen

Zählen Sie die Punkte folgender Aussagen zusammen:

3	5	12	14	17	24	28	31
☐	☐	☐	☐	☐	☐	☐	☐
35	**37**	**41**	**45**	**52**	**54**	**57**	
☐	☐	☐	☐	☐	☐	☐	= ☐

Säule Werte und Sinn

Zählen Sie die Punkte folgender Aussagen zusammen:

4	6	9	13	18	22	25	32
☐	☐	☐	☐	☐	☐	☐	☐
36	**38**	**42**	**46**	**49**	**53**	**60**	
☐	☐	☐	☐	☐	☐	☐	= ☐

Interpretation der Ergebnisse des Persönlichkeitsfragebogens

Der maximale Wert pro Bereich beträgt 150 Punkte. Wenn Sie Werte über 100 erreicht haben, dann weist das auf eine überdurchschnittlich positive Einstellung zum Leben hin. Ergebnisse unter 50 zeigen einen Handlungsbedarf an. Hier könnte die Wurzel Ihrer Unzufriedenheit liegen. Für diese Bereiche sollten Sie sich auf jeden Fall etwas überlegen, um potenziellen Krisen vorzubeugen.

Folgende Fragen können für die Analyse hilfreich sein:
- (Wenn der Wert unter 50 liegt:) Ist diese Säule in den letzten Jahren von mir vernachlässigt worden? Was fehlt hier?
- Gibt es Aspekte, über die ich bisher noch nie ernsthaft nachgedacht habe?
- (Bei Werten zwischen 50 und 100:) Ist bei dieser Säule alles so, wie ich es mir wünsche, oder fehlt etwas? Wenn ja, was?

Quelle/Inspiration für die Übung: Vier Säulen der Lebensbalance nach Nossrat Peseschkian; Fragebogen: leicht verändert nach einer Vorlage von V.I.E.L® Coaching + Training; einzusehen unter: ↗ http://www.compass-bc.de/docs/Coaching-Letter-15-03.pdf)

Die eigenen Werte leben

Vor einiger Zeit kam eine Frau, Mitte 30, sehr erfolgreich, zu mir ins Coaching. Sie machte einen depressiven Eindruck. Nachdem sie fast 15 Jahre viel gearbeitet, längere Zeit im Ausland verbracht und eine tolle Karriere gemacht hatte – u. a. war sie die jüngste Führungskraft in der Firma und die erste Frau auf dieser Managementebene –, war sie in ihre Heimat nach Österreich zurückgekehrt. Bei einem Treffen mit dem alten Freundeskreis wurde ihr dann bewusst, dass inzwischen alle – bis auf sie – feste Beziehungen und Kinder hatten. Sie fiel in ein tiefes Loch und nahm sich auf Anraten ihres Arztes eine berufliche Auszeit. Alleine zu Hause stürzte sie noch weiter ab. Sie realisierte, dass es niemanden in ihrem Leben gab, der sie in dieser schwierigen Zeit auffing. Und ohne Arbeit, die ihr Leben in den letzten 15 Jahren dominiert hatte, wusste sie nichts mit sich anzufangen. Für ausgleichende Interessen, Hobbys, Sport oder Freunde war keine Zeit gewesen, ihr einziger Lebenssinn hatte in der Arbeit bestanden.

Das Vier-Säulen-Modell half dabei, die einzelnen Lebensbereiche besprechen zu können und mit der Zeit zu erkennen und zu verbalisieren, was genau ihr fehlte und welche Bedürfnisse, Wünsche und Werte mehr Platz und Beachtung verlangten.

Ein interessanter Aspekt am Rande: Die Firma wollte sie unbedingt halten und versuchte, sie mit der nächsthöheren Führungsposition (wieder im Ausland) zu ködern. Meine Coachee entschied sich aber dafür, in der nächsten Zeit anderen Zielen mehr Aufmerksamkeit zu schenken.

Sie sehen, es gibt auf dem Weg zum Ziel immer wieder Prüfungen – und diese kommen oft auch als scheinbar positive Optionen daher.

Ich selbst als ....

Inhalt: Die Frage „Wer bin ich?" auf kreative Weise stellen; sich als Haus, als Landschaft oder als Musikstück beschreiben

Ziel: Sich selbst auf die Spur kommen, Differenzen zwischen Istzustand und Wunschzustand identifizieren – dadurch Veränderungspotenzial ausloten

Die Frage „Wer bin ich?" ist wahrscheinlich eine der zentralsten und gleichzeitig am schwersten zu beantwortenden Fragen im Leben eines Menschen. Sie ist so komplex und vielschichtig, dass sie sich mit ein paar einfachen Sätzen nicht beantworten lässt. Konkretere und kreativere Fragen wie die folgenden können auf dem Weg zum Selbst hilfreicher sein. Denken Sie bei der Beantwortung bitte im ersten Schritt an Ihre aktuelle Situation.

Beschreiben Sie sich selbst als **Haus**.

- Welche Art von Haus (Bauernhaus, Hochhaus, Einfamilienhaus, neu, alt etc.) wären Sie?
- Wie viele Stockwerke und Zimmer gibt es?
- Gibt es einen Dachboden, einen Keller? Was findet man dort?
- Wer wohnt in diesem Haus?
- Ist es aufgeräumt oder nicht?
- Wie würden Sie die Einrichtung beschreiben?
- Wie ist die Atmosphäre in diesem Haus?
- ...

Oder: Beschreiben Sie sich selbst als **Landschaft**.

- Welche Art von Landschaft (bergig, flach, hügelig, mediterran etc.)?
- Wie ist die Vegetation?
- Wie ist das Klima?
- Wozu lädt die Landschaft ein?
- …

Sie können diese Übung auch mit anderen Dingen weiterführen (z. B. Musik).

Bitten Sie, falls Sie das möchten, auch Personen aus Ihrem Umfeld um eine Beschreibung Ihrer Person. Notieren Sie einfach alle Antworten und lassen Sie diese dann auf sich wirken (ohne sie aber mit dem Umfeld zu diskutieren!).

In einem nächsten Schritt können Sie sich nun fragen, wie Ihr Wunschbild von sich aussähe. Gibt es Differenzen zur aktuellen Beschreibung? Wenn ja, ergibt sich daraus ein Anhaltspunkt für ein Selbstcoachingziel?

Quelle / Inspiration für die Übung: Ein Spiel aus meiner Jugend, bei dem es ums Personenraten ging. Was für ein Haus wäre diese Person? Welche Landschaft, welches Musikstück, welches Tier etc. wäre diese Person?

Spielerisch sich selbst besser kennenlernen

Ein Coachee, männlich, 57 Jahre, seit sieben Jahren selbstständiger Programmierer, kam ins Coaching, weil er in seiner Selbstständigkeit immer wieder Phasen erlebte, in denen er sehr unglücklich war. Die Selbstständigkeit hatte er vor einigen Jahren gewählt, als er aufgrund der Wirtschaftslage seines Arbeitgebers seinen Arbeitsplatz verloren hatte.

Er wollte im Coaching überlegen, ob bzw. was er beruflich verändern sollte, um mehr Zufriedenheit und weniger Stress zu erleben. Bei der Übung „Ich selbst als …“ beschrieb er sich wie folgt:

„*Ich als Haus:* Zinshaus, vierstöckig, viele kleine Wohnungen, mit einem Hof, Keller und Dachgeschoss. Das Haus wurde in den 60er-Jahren gebaut, ohne Lift. Es gibt nette Mieter, die sehr aktiv sind und sich kennen, das Haus ist sehr solide gebaut, mitten in der Stadt, sehr sauber und aufgeräumt, ein paar Blumenstöcke am Gang. Im Keller sind Kellerabteile, und auch auf dem Dachboden hat jeder Mieter ein Abteil – diese sind offen und einsehbar, im Keller sind die Abteile nicht einsehbar, der Dachboden ist sehr sonnig, das Haus hat keine Balkone.“

„*Ich als Landschaft:* Keine Berge, flach, sehr viel Wasser (eher Meer), Bäume, Felder und viele Straßen, aber nicht asphaltiert, immer über 20 Grad, aber nicht mehr als 30 Grad. Die Felder haben eine reiche Ernte, es ist eine reiche Landschaft, die Gegend ist etwas besiedelt – lauter kleine Dörfer, die vernetzt sind."

Die Schlüsse, die er daraus zog, lauteten folgendermaßen:

„Ich bin bodenständig – vielleicht etwas konservativ. Ordnung ist mir wichtig, Übersicht ist wichtig, Klarheit und Transparenz sind wichtig. Vielfältigkeit ist wichtig, Tradition, Kommunikation ebenso, aber eher in überschaubarem Rahmen. Ein Teil von mir ist öffentlich und teilt sich gerne mit; manche Teile möchte ich aber für mich behalten, und da bin ich nicht so mitteilsam, ich brauche einen klar definierten Rahmen, ein bekanntes und überschaubares Umfeld, ich bin vielseitig und habe in meinem Leben schon vieles gut gemacht – darauf kann ich vertrauen. Ich weiß durch meine Lebenserfahrung sehr gut, was ich leisten kann. Ich mag kein großes Risiko und plane meine Schritte gerne."

Nach dieser Analyse war es für ihn besser zu fassen, was genau ihm an der Selbstständigkeit Kopfzerbrechen bereitete. Vor allem die Unsicherheit bezüglich Auftragslage und Einkommen machte ihm zu schaffen. Er formulierte es in der Analyse der Bilder als überschaubaren bzw. klar definierten Rahmen, Ordnung, Klarheit. Er erkannte, dass diese Art der Arbeit prinzipiell zwar durchaus gut zu ihm passte, dass er allerdings auf bestimmte Rahmenbedingungen besonders achten musste. Um diesem Umstand gerecht zu werden, entschloss er sich, Wartungsverträge mit Laufzeit über mindestens ein Jahr mit fixen monatlichen Beträgen bei seinen Kunden einzuführen. Zudem änderte er seine Auftragsannahme dahingehend, dass er schon bei Auftragserteilung eine Akontozahlung verlangte. Bestätigt fühlte er sich in seiner Philosophie, sich auf einige wenige, sehr spezifische Dienstleistungen bzw. Produkte zu spezialisieren. Somit konnte er aus der Übung konkrete Schritte ableiten, um sich mehr Zufriedenheit in seiner beruflichen Situation zu schaffen.

Die Sollte-Liste

Inhalt: Identifizieren von Dingen, von denen wir meinen, wir müssten sie tun, die wir aber nicht tun wollen

Ziel: Sich von diesen Dingen lösen oder eine neue Definition (neues Ziel) dafür suchen; Klarheit über unsere wirklich wichtigen Ziele bekommen

„Sollte“ steht für all jene Dinge, von denen wir meinen, wir müssten sie tun, die wir aber eigentlich gar nicht tun wollen: Ich sollte mein Gewicht reduzieren, ich sollte mehr Sport treiben, ich sollte mir einen neuen Job suchen usw. All diese Sollte-Dinge erzeugen Frustration, da sie ja für gewöhnlich nicht umgesetzt werden.

Schreiben Sie eine Liste mit all diesen Sollte-Dingen, die Ihnen (vielleicht beim Lesen dieses Buchs) durch den Kopf gehen. Und dann befreien Sie sich davon! Das funktioniert folgendermaßen: Fragen Sie sich bei jedem einzelnen Punkt, seit wann Sie dieses Ziel haben. Wenn es schon ein Jahr oder älter ist, dann raubt es Ihnen schon lange Energie und hat eigentlich keine Substanz mehr. Verabschieden Sie sich davon!

Es gibt zwei Varianten, wie Sie vorgehen können, um sich davon zu lösen:

- Entweder Sie streichen dieses Sollte-Ziel ersatzlos oder
- Sie definieren es neu.

So könnten Sie z. B. das Ziel „abnehmen“ von der Liste nehmen und sich mit Ihrem Aussehen versöhnen. Oder Sie ersetzen das Ziel durch ein anderes, an dessen Verwirklichung Sie mehr Interesse haben. Ihr neues Ziel könnte etwa lauten: „Ich achte mehr auf meinen Körper und meine Gesundheit“, und die Maßnahmen dazu wären: gesündere Ernährung, Massagen, Kosmetikerin aufsuchen, eine sportliche Aktivität wieder aufnehmen etc. Alleine durch die neue Perspektive kann sich Ihre Motivation entscheidend verändern.

Wenn Sie einen dieser Punkte weder streichen wollen noch eine neue Definition dafür finden, dann delegieren Sie die Aufgabe. Wichtig ist, dass Sie etwas verändern.

Quelle / Inspiration für die Übung: *Coach dich selbst, sonst coacht dich keiner* von Talane Miedaner (2013, S. 48)

Beispiel

Prioritäten klar erkennen

Ein Coachingklient, Anfang 50, beklagte sich über sein Leben und darüber, dass er nie Dinge richtig angehe. Er sei sehr unzufrieden mit sich selbst, da er Ziele nicht konsequent genug oder gar nicht weiterverfolge. Er zählte einige dieser „Ziele“ auf, und ich schlug ihm die Sollte-Liste vor. Daraufhin haben wir dann Folgendes festgehalten:

Sollte-Liste

... öfter meine Freunde kontaktieren

... meine Mutter und Brüder in Deutschland besuchen

... etwas gegen meine Rückenprobleme unternehmen

... mehr unter die Leute kommen

... den Keller aufräumen

... meine Versicherungssachen in Ordnung bringen

... meinen Kleiderkasten aussortieren

... ein klärendes Gespräch mit meinem erwachsenen Sohn führen

Im nächsten Schritt ging es nun darum festzulegen, wie er mit diesen Punkten weiter verfahren wollte. Einige strich er von der Liste, für andere fand er eine Neudefinition (siehe nachfolgende Tabelle).

Sollte-Liste		Umgang damit
… öfter meine Freunde kontaktieren	→	mit den Freunden im Schwimmverein beginnen und dann weitersehen
… meine Mutter und Brüder in Deutschland besuchen	→	mit der Familie Skype-Termine vereinbaren
… etwas gegen meine Rückenprobleme unternehmen	→	wieder in den Schwimmverein eintreten – damit kann ich für den Rücken etwas Gutes tun, und gleichzeitig treffe ich wieder mehr Leute
… mehr unter die Leute kommen	→	siehe Schwimmverein
~~… den Keller aufräumen~~	→	streichen – ich kann auch mit der Unordnung gut leben
~~… meine Versicherungssachen in Ordnung bringen~~	→	streichen – denn für das Wichtigste ist vorgesorgt
… meinen Kleiderkasten aussortieren	→	die Freundin meiner Frau (Farb- und Stilberaterin mit dem Angebot „Kastencheck“) beauftragen
… ein klärendes Gespräch mit meinem erwachsenen Sohn suchen	→	im Coaching näher beleuchten

Besonders interessant an diesem Fall war die Tatsache, dass sich einige der Sollte-Dinge miteinander verbinden ließen und mit einer neuen Perspektive gemeinsam verfolgt werden konnten. Beim Punkt „Rückenprobleme“ kam ihm nämlich die Idee, wieder in den Schwimmverein einzutreten. Er war jahrelang im Verein gewesen, hatte aber nach der Geburt seines Sohns die Zeit dafür nicht mehr aufwenden wollen. Durch den Wiedereintritt würde er für seine Gesundheit etwas unternehmen und gleichzeitig mehr unter Leute kommen und ein paar alte Kontakte wieder aktivieren.

Es kristallisierte sich heraus, dass der Punkt „klärendes Gespräch mit meinem erwachsenen Sohn führen“ für ihn besonders wichtig war. Diesen Sollte-Punkt haben wir dann im Coaching näher beleuchtet. Damit hatte mein Coachee ein klares Ziel vor Augen und mehr Energie dafür, da die anderen Sollte-Punkte gestrichen, neu definiert oder delegiert werden konnten.

Symbole finden

Inhalt: Einen Gegenstand suchen und Assoziationen zur aktuellen Situation, zur Frage oder auch zum angestrebten Ziel generieren

Ziel: Einen Weg zum kompetenten Unterbewusstsein ermöglichen

Bei Problemlösungen hilft uns oft die Ratio nicht weiter. Wir haben möglicherweise schon zu viele Vor- und Nachteile überlegt und Pro- und Kontralisten erstellt. Daher sehen wir den Wald vor lauter Bäumen nicht. In diesen Situationen sollten wir unsere Intuition befragen.

Diese Übung kann Ihnen einen Weg zu Ihrem kompetenten Unterbewusstsein ermöglichen. Denken Sie an Ihre Frage, die ausschlaggebend für das Selbstcoaching war. Vielleicht geht es dabei um eine Entscheidung, die Sie treffen wollen oder müssen. Und Sie fragen sich: Soll ich mich für A oder B entscheiden? Denken Sie einmal nur an diese Frage und nicht schon an eine mögliche Antwort oder Lösung. Wenn es Ihnen hilft, können Sie die Frage auch laut wiederholen, und das ein paarmal. Und dann gehen Sie am besten in die Natur. Lassen Sie Ihren Blick ohne Wertung schweifen und nehmen Sie einfach wahr, was Sie bei diesem Spaziergang sehen – Blumen, Äste auf dem Weg, Steine etc. Wenn Sie etwas besonders anspricht, heben Sie es auf und betrachten Sie es aufmerksam. Woran – im Zusammenhang mit Ihrer Frage – erinnert Sie dieser Gegenstand? Womit verbinden Sie diesen Gegenstand? Welche Stärken, Schwächen verkörpert er? Können diese Assoziationen für eine Antwort / Lösung hilfreich sein?

Ein Nein kann eine Chance sein

Ich nutze diese Übung gerne selbst für meine eigenen Anliegen. Auf meinem Schreibtisch liegt zum Beispiel ein Tannenzapfen, der mich seit Jahren an eine Lernerfahrung erinnert, die ich damals gemacht, sowie an eine Entscheidung, die ich damals getroffen habe.

Ich hatte einen Seminarauftrag angenommen, der bei mir schon in der Vorbesprechung ein ungutes Gefühl auslöste. Es war ein diffuses Gefühl, dass mich dieser Auftrag viel Energie kosten und keine Freude machen würde. Zwei Argumente sprachen damals aber meiner Meinung nach für das Annehmen: Zum einen war es ein Auftrag eines langjährigen Kunden, eines Unternehmens, für das ich schon seit Jahren regelmäßig Seminare und Coachings gab. Zudem freute ich mich als Selbstständige über die weitere Buchung und das Einkommen.

Mein ungutes Gefühl hatte mich jedoch nicht betrogen. Die beiden Seminartage waren für mich eine Qual. Mein Gemütszustand hatte natürlich auch Einfluss auf die Teilnehmenden, auch wenn ich mich möglichst professionell verhielt.

In einer Seminarpause ging ich spazieren, um einen klaren Kopf zu bekommen, die Situation zu analysieren und später daraus meine Lernerfahrung abzuleiten. Ich erinnerte mich an die Übung „Symbol finden" und beschloss, mich beim Spaziergang inspirieren zu lassen im Vertrauen darauf, dass mir der richtige Gegenstand helfen würde, meine Gedanken klarer zu bekommen. Ich fand den Tannenzapfen, und im Zuge der Betrachtung hatte ich folgende Assoziationen zu meiner Situation: Es geht um das Abwerfen. Im übertragenen Sinn verbinde ich es damit, bestimmte Anfragen nicht mehr anzunehmen. Zudem beinhaltet der Zapfen Samen, aus dem Abwerfen kann also etwas Neues entstehen. Ich habe das als das Vertrauen darauf, dass ein Nein zu Aufträgen auch eine Chance sein kann, interpretiert. In der Arbeit mit Menschen gilt es zu akzeptieren, dass bestimmte Zielgruppen und Themen nicht zu einem passen (man sollte sie abwerfen). Eine klare Positionierung und damit klare Grenzen sind wichtig für den Erfolg.

2. Das neue Ufer – mein Ziel

Nachdem Sie im ersten Schritt den Bereich definiert haben, um den es in Ihrem eigenen Coachingprozess gehen wird, kommen wir nun zum zweiten Schritt: zur genauen Beschreibung Ihres Ziels. Sie werfen also einen Blick auf das Ihnen gegenüberliegende Ufer, zu dem Sie wollen. Denn bevor Sie losmarschieren und die Brücke überqueren, sollten Sie sorgfältig überlegen, wohin genau Sie diese Brücke überhaupt führen bzw. wie das neue Ufer im Detail aussehen soll. Dabei ist auch wichtig, sich nicht mit allzu hochgesteckten Zielen zu überfordern. Die Vorstellung von Ihrem Ziel und der Weg über die Brücke in Richtung neues Ufer sollten für Sie attraktiv sein und Ihren Fähigkeiten entsprechen. Ist das Ziel zu hoch angesetzt, glaubt man nicht daran, es zu schaffen. Ist das Ziel zu niedrig angesetzt, fordert es uns zu wenig heraus. Richtig ist also: fordernd, aber nicht *über*fordernd.

Während dieses Coachingprozesses kann und darf es durchaus auch vorkommen, dass Sie Ihr Ziel infrage stellen. Möglicherweise kommen Sie unterwegs darauf, dass Sie vorher lieber noch ein anderes Ziel ansteuern oder dass Sie das ursprüngliche Ziel neu definieren möchten. Dann ist diese neue Klarheit ein wesentlicher Zwischenerfolg Ihres Selbstcoachings: Sie erkennen deutlich, was Sie jetzt im Moment brauchen, und können sich so entscheiden, ein neues (Fern-)Ziel anzusteuern.

2.1 Effektive Zielarbeit

Die wichtigste Arbeit in der systemisch-lösungsorientierten Beratung ist die Bildung eines konkreten Ziels. Das Erarbeiten von einem oder mehreren (Teil-)Zielen steht am Beginn einer Beratung und kann im Lauf des Prozesses immer wieder Thema werden. Auch für Ihr Selbstcoaching ist diese Arbeit von besonderer Bedeutung. In diesem Abschnitt beschäftigen wir uns daher mit Ihrer erwünschten Zukunft. Zuerst aber lassen Sie mich noch ein paar Worte darüber verlieren, was meiner Erfahrung nach bei der Formulierung von Zielen hilfreich und was weniger hilfreich ist.

Hilfreiche Eigenschaften von Zielen

- **Es handelt sich um das *eigene* Ziel** (wirkt motivierend): Ist es ein Ziel, das ich selbst aus mir heraus anstrebe – oder das mein Umfeld anstrebt und erreicht sehen will? Wenn wir uns das fragen, kann es passieren, dass wir „im Bauch" spüren: Mir selbst ist das Ziel eigentlich gar nicht so wichtig, aber meine Frau / mein Mann / meine Eltern / meine Kinder / mein Chef / meine Kollegen / die Gesellschaft … erwarten das von mir (und ich habe Angst, sie zu enttäuschen). Wir sind soziale Wesen und haben feine Antennen dafür, was unsere Umwelt von uns erwartet. Die Gefahr ist: Wenn wir das Erfüllenwollen von Erwartungen übertreiben, uns zu sehr anpassen und immer nur versuchen, allen anderen gerecht zu werden, verpassen wir das eigene Leben. Daher braucht es immer wieder eine sorgfältige Abwägung und bewusste Entscheidungen: Wann entspreche ich – weil ich das aus guten Gründen auch selbst will – den Erwartungen anderer, und wann stelle ich mein eigenes Ziel in den Vordergrund und nehme dafür in Kauf, bei anderen anzuecken? Eben weil sie andere Erwartungen (und eigene Ziele) haben.
- **Das Ziel ist noch aktuell** (ist mir etwas wert & motivierend): Im Coaching kommt es immer wieder vor, dass jemand eine Situation beschreibt, die nicht mehr zu ändern ist. Oder aber: Das Problem wurde bereits gelöst, wenn auch nicht zur Zufriedenheit des Coachees. Ein typisches Beispiel wäre: Der Klient formuliert das

Ziel „die Beziehung zum Partner verbessern", wobei sich im weiteren Gespräch herausstellt, dass der Partner bereits ausgezogen ist und sich getrennt hat.
Ähnlich verhält es sich, wenn karriereorientierte Eltern das Ziel formulieren, mehr Zeit mit ihren Kindern zu verbringen, um dann zu merken, dass die Kinder bereits groß genug sind, um ihre Zeit lieber mit Freunden zu verbringen.
Manche Ziele sind schlicht deswegen nicht zu erreichen, weil die Gelegenheit, sie zu erreichen, bereits vorbei ist. Traurig, aber wahr. Ist das einmal (an)erkannt, kann man neue, anders geartete Ziele formulieren, die der aktuellen Situation Rechnung tragen und sehr wohl noch erreichbar sind.
Ein anderer Aspekt, den die meisten von uns schon mehrmals erlebt haben: Es gibt Ziele, die uns vor Kurzem noch extrem wichtig und erstrebenswert erschienen, heute aber an Wichtigkeit verloren haben, weil sich unsere Lebenssituation oder unsere Wertvorstellungen zwischenzeitlich geändert haben. Typische Beispiele sind berufliche Rückschläge, Jobverlust, Trennungen, finanzielle Verluste, Schicksalsschläge oder schwere Erkrankungen, die die eigenen Prioritäten plötzlich und massiv verändern können. Umso wichtiger ist in so einem Fall, nicht weiterhin verbissen alten Zielen anzuhängen, nur weil sie uns früher einmal wichtig erschienen. Plakativ gesagt: Das tolle Auto, das große Haus oder der teure Urlaub verlieren schlagartig an Bedeutung, wenn es plötzlich darum geht, einen Konkurs abzuwenden oder eine Chemotherapie zu überstehen.

- **Sie glauben daran, dass Sie das Ziel erreichen können** (dass es realistisch ist und im eigenen Einflussbereich liegt): Wenn es um das Setzen von Zielen geht, gibt es vereinfacht gesagt zwei unterschiedliche Denkansätze: Es gibt die Verfechter großer, extrem ehrgeiziger Ziele, und es gibt die Anhänger kleinerer, realistischer Ziele. Beide Ansätze haben etwas für sich: Bei großen Zielen strengt man sich im besten Fall mehr an, lotet seine Grenzen eher aus und erreicht oft Erstaunliches, auf das man stolz sein kann, selbst wenn man nicht ganz ans große Ziel herankommt. Die Gefahr ist, aufgrund der weiten Entfernung zu dem großen Ziel unterwegs entmutigt zu werden, resigniert aufzugeben und auf diese Weise eigene negative Glaubenssätze zu verstärken und zu bestätigen: „Ich hab's ja gewusst. Ich schaffe es einfach nicht. Ich bin ein Versager!" Zu große Ziele können also nachhaltig demotivieren.
  Kleinere Ziele können Sie mit höherer Wahrscheinlichkeit erreichen, erst recht, wenn sie in weitere, noch kleinere Zwischenziele aufgeteilt werden. Schnelle „quick wins" geben uns neuen Mut, feuern uns an und versorgen uns mit positiver Energie. Die Gefahr ist, dass die kleineren Ziele nicht herausfordernd genug sind und man auf diese Weise nie seine Grenzen kennenlernt, geschweige denn hinausschiebt, weil man sich nie „zur Decke strecken muss". Dafür hat man aber eine weit höhere Chance auf Erfolgserlebnisse, die sich im besten Fall gegenseitig

positiv verstärken und zusätzlichen Antrieb liefern. Ich persönlich bin eine Anhängerin der kleineren, realistischen Ziele, da sich die Coachees hier wesentlich leichter tun, positive Veränderungen wahrzunehmen, zu würdigen und daraus Energie für die nächsten Schritte zu schöpfen. Erst recht gilt das beim Selbstcoaching.
Der zweite wichtige Aspekt ist der Einflussbereich: Mache Ziele liegen voll im eigenen Einflussbereich, z. B. eigene Verhaltensänderungen, andere kann ich durch mein Verhalten zumindest mit beeinflussen, wie etwa den Ausgang einer Gehaltsverhandlung. Einen anderen Menschen (statt sich selbst) verändern zu wollen ist ein typisches Beispiel für ein (vergeblich anvisiertes) Ziel, das nicht im eigenen Einflussbereich liegt. Ein Quell ständiger Frustrationen. Nicht aufgrund des anderen, sondern aufgrund der eigenen, unrealistischen Erwartungen (s. dazu nachfolgende Übung: „Vom bösen anderen zum eigenen Anteil").

- **Das Ziel ist positiv formuliert** (nicht „weg von", sondern „hin zu"): Zu wissen, was man *nicht* will, heißt noch lange nicht, dass man weiß, was man „stattdessen" will. Sich von etwas oder jemand Vertrautem zu trennen löst Unsicherheit aus. Den ungeliebten Job kündigen? „Ja, aber was soll ich sonst machen?" Sich vom Partner trennen, dem man angeblich schon seit Langem nichts mehr zu sagen hat? „Ja, aber alleine zu leben kann ich mir auch nicht vorstellen!" Erst wenn man eine attraktive Alternative vor Augen hat, ein positives Zielbild, das Lust macht auf Neues, entstehen die nötige Aufbruchsstimmung und die Energie, vielleicht auch einmal ein Wagnis einzugehen.
  Eine wichtige Unterstützung dabei ist, sich dieses positive Zielbild, diesen Zielzustand, so lebendig und plastisch wie möglich auszumalen: Wie wird sich das anfühlen? Was genau werde ich tun, wenn ich mein Ziel X erreicht habe? Die Gefahr, einfach zu verpuffen, bergen Aussagen, die zu allgemein bleiben, etwa „Ich werde ein glücklicheres Leben führen". Was genau meinen Sie mit „glücklicher"? Im Unterschied zum klassischen Coaching fehlt Ihnen beim Selbstcoaching das Gegenüber, das hier immer wieder nachbohrt: Was genau meinen Sie mit …? In diesem Fall sind Sie selbst gefordert. Auch darum sind Stift und Heft so wichtig: Wenn Sie das einmal aufgeschriebene Ziel mit etwas Zeitabstand durchlesen und sich fragen: „Was genau meine ich mit …? Kann ich das noch weiter konkretisieren?", dann werden Ihnen weitere Aspekte einfallen, die Sie dazuschreiben können. Oder aber Sie suchen sich einen Gesprächspartner und bitten diese Person, bewusst und gezielt nachzubohren, bis dieser Zielzustand beiden plastisch vor Augen steht. (Auch da sollten Sie sich Notizen machen!)

- **Ein gutes Ziel enthält auch konkrete, spezifische, verhaltensbezogene Schritte, die erforderlich sind, um das Ziel erreichen zu können:** Eine Coachingklientin war Verkäuferin in einem Modegeschäft und kam mit dem Ziel zu mir: „Ich will mehr aus meinem Leben machen!“ Bereits nach kurzer Zeit hatten wir herausgearbeitet, was dieses „mehr“ konkret sein könnte. Sie wollte einen neuen Berufsweg einschlagen. Also ging es im nächsten Schritt darum, den Weg dorthin zu überlegen. Ihre Aufgabe bis zur nächsten Coachingstunde bestand darin, Informationen zusammenzutragen, wie das Umsetzen konkret funktionieren könnte. Welche Wege es also gäbe, um diesen neuen Beruf zu erlernen und dann auszuüben. In der nächsten Stunde meinte sie dann: „Ehrlich gesagt, ich habe mir das überlegt. Das ist mir zu anstrengend! Da muss ich zuerst die Berufsreifeprüfung machen, dann mindestens vier Jahre lang studieren, und dann ist unklar, ob ich überhaupt den passenden Job finde. Außerdem wäre es extrem hart, mich in der ganzen Zeit finanziell über Wasser zu halten.“ Sie hatte sich also bewusst die Zeit und einige Coachingstunden genommen, um ihren Traum bzw. das Ziel, das sie bereits seit Jahren im Hinterkopf hatte, auf seine Realisierbarkeit bzw. die dazu notwendigen Maßnahmen hin zu untersuchen (Ist mir das den ganzen Aufwand überhaupt wert?). Nach dieser bewussten und ausführlichen Prüfung ihres lange gehegten Ziels und der dazu nötigen Schritte konnte sie ihren „Traum“ loslassen, innerlich abschließen und sich, quasi mental befreit, neuen Projekten zuwenden. Was sie dann auch tat.

  Ein weiterer wichtiger Aspekt ist: Je konkreter, spezifischer und verhaltensbezogener man die einzelnen Maßnahmen bis zur Erreichung des Ziels beschreiben kann, desto plastischer, glaubhafter und realistischer wird das eigene Bild vom angestrebten Zustand. Das wiederum erlaubt, das angestrebte Zukunftsbild auszuschmücken und für sich immer wieder zu überprüfen: Wie wird es mir dann gehen? Erst auf dem Weg und dann, wenn ich das Ziel erreicht habe? Wie werde ich mich da fühlen? Vor allem: Fühlt sich das für mich richtig an? Ist das wirklich das, was ich will?

Die Macht der Worte

„Das Glück deines Lebens hängt von der Beschaffenheit deiner Gedanken ab."

(Mark Aurel)

Worte spiegeln unser Denken wider. Zugleich beeinflussen sie unser Denken. Deshalb sollten wir unsere Worte sorgfältig wählen – auch um die gewünschte Wirkung zu erzielen. Doch leider strahlt nicht jeder Mensch so eine (sich selbst) motivierende und inspirierende Zuversicht aus.

Gehören Sie zu den Negativdenkern oder zu den Möglichkeitsdenkern, also jenen, die in schwierigen Situationen glauben „Irgendwie schaffe ich das schon!"? Angenommen, Sie haben etwas falsch gemacht. Denken Sie dann: „Verflucht, jetzt habe ich wieder versagt. Ich kriege nichts auf die Reihe!"? Oder denken Sie: „Mist, das ging daneben. Beim nächsten Mal mache ich es besser"? Diese beiden Denkweisen führen zu völlig unterschiedlichen Arten, mit Schwierigkeiten umzugehen. Ein Negativdenker sieht in einem Fehler eine Bestätigung für sein Unvermögen. Ein Möglichkeitsdenker hingegen hakt den Fehlversuch als Lernerfahrung ab und zieht daraus den Schluss: „Beim nächsten Mal mache ich dies und das anders, dann klappt es sicher besser. Und wenn nicht, habe ich einen weiteren Weg entdeckt, wie es nicht geht."

Die sprachliche Verpackung ist wirklich wichtig für die Wirkung von Aussagen. Das belegen zahlreiche wissenschaftliche Studien. So hängt zum Beispiel die Wirksamkeit eines im Rahmen einer Schmerztherapie genutzten Medikaments stark davon ab, mit welchen Worten es dem Patienten verabreicht wird. Sagt der Arzt: „Versuchen wir halt mal dieses Medikament – vielleicht hilft es", dann ist die Wirkung oftmals gering. Sagt er hingegen: „Mit diesem Medikament haben schon viele Patienten positive Erfahrungen gemacht", dann wird die gute Wirkweise meist bestätigt.

Sie haben die Wahl!

Sie können also allein mit Ihren gesprochenen (aber auch gedachten) Worten Ihre Motivation und Zuversicht positiv beeinflussen – und somit auch die Erfolgsaussicht.

Nehmen wir als Beispiel das Wort „müssen": „Ich muss heute pünktlich von der Arbeit weg, weil ich noch die Kinder zur Oma bringen muss. Danach muss ich mein Kleid aus der Reinigung holen, weil ich am Abend …" Müssen ist ein ganz heimtückischer Vertreter der Gattung demotivierende Worte. Denn permanent etwas zu müssen erzeugt Druck. Zudem ruft das Wort „müssen" oft eine Trotzreaktion hervor: „Ich muss gar nichts, außer sterben."

Sagen Sie stattdessen ab jetzt „Ich will …“ oder „Ich möchte …“ oder „Ich werde …“. Sie werden sofort merken, dass Sie sich weniger fremdbestimmt fühlen.

Und hier noch ein wichtiges Beispiel für Ihre Zielarbeit. Es macht einen Unterschied in der Wirkung, ob Sie sagen

a. „Ich werde das Bestmögliche tun, um dieses Ziel zu erreichen“ oder
b. „Wenn ich mich auf den Weg zu diesem Ziel mache, dann weiß ich, dass ich die Fähigkeit besitze, es zu erreichen“.

Die Formulierung der Variante B wirkt stärker, da sie den Glauben an die Selbstwirksamkeit in sich trägt (Purps-Pardigol, 2015).

Oft erzielen schon kleine Veränderungen in der Wortwahl große Wirkung. Bei sich selbst und bei anderen.

2.2 Übungen

Die Macht der Worte

Inhalt: Zwei kurze Aufwärmübungen zur Zielarbeit, kleine Worte mit großer Wirkung im eigenen Wortschatz erkennen

Ziel: Durch eine bewusste Wortwahl die eigene Motivation und Zuversicht positiv beeinflussen

Das Wörtchen „noch“

„Noch …“ schafft Energie: Oft treffen wir absolute Aussagen wie: „Ich kann das nicht!“ oder „Ich weiß das nicht!“ Fügen Sie in solche Sätze doch einfach das Wort „noch“ ein. Die Aussagen „Ich kann das *noch* nicht“ und „Ich weiß das *noch* nicht“ klingen nicht nur optimistischer, sie wirken auch viel positiver. Das Wort „noch“ impliziert, dass Sie etwas können oder wissen *werden*. Es braucht nur noch etwas Zeit. Das steigert Ihre Zuversicht und Motivation, etwas in Angriff zu nehmen oder auszuprobieren.

Testen Sie es gleich hier. In der linken Spalte trage Sie jene Dinge ein, von denen Sie meinen, Sie können sie nicht. In der rechten Spalte notieren Sie es nochmals, fügen aber das Wort *noch* hinzu.

Was ich nicht kann	Was ich noch nicht kann
Ich traue mich nicht, das Gespräch mit meinem Chef zu führen.	*Ich traue mich noch nicht, das Gespräch mit meinem Chef zu führen.*
Ich kann nicht Nein sagen.	*Ich kann noch nicht Nein sagen.*

Merken Sie den Unterschied?!

Weg vom Problem, hin zum Ziel

„Ich will nicht länger ...“, „Ich ärgere mich über ...“, „Es belastet mich, dass ...“ – wer mit einer Situation unzufrieden ist, konzentriert sich meist auf die negativen Aspekte. Er richtet den Fokus auf das, was nicht funktioniert, auf das, was nervt – statt sein positives Ziel zu benennen. Um einen Wechsel der Denkrichtung zu erreichen, ist das einfache Wort „stattdessen“ äußerst hilfreich. Wir wissen alle sehr genau, was wir nicht mehr haben wollen. Aber was wir stattdessen möchten, ist uns meist noch nicht so klar. Fragen Sie sich also immer auch: „Was will ich eigentlich wirklich (nämlich statt dem, was ich nicht will)?“

Formulieren Sie hier konkret, was Sie an Ihrem Leben stört, was Sie ärgert oder belastet:

Was mich in meinem Leben stört	Mein „Stattdessen“
Ich will mich nicht länger ausnützen lassen!	*Ich grenze mich ab und traue mich auch, Nein zu sagen.*
Ich ärgere mich über meine Entscheidungsunfähigkeit.	*Ich treffe sicher meine Entscheidungen.*

Fragen zum Ziel

Inhalt: Fragen zur Zielfindung bzw. Zieldefinition

Ziel: Ein möglichst lebendiges und detailreiches Bild der idealen Zukunft zu entwerfen

Die folgenden Fragen dienen dazu, ein möglichst lebendiges und detailreiches Bild von Ihrer idealen Zukunft zu entwerfen. Passen Sie die Fragen gegebenenfalls an Ihr spezielles Anliegen an. Am besten notieren Sie Ihre Antworten gleich in den vorgesehenen Zeilen.

Klassische Zielfragen sind:

- Was hat Sie auf die Idee eines Selbstcoachings gebracht?
- Was hat Sie zum Lesen dieses Buchs veranlasst?
- Welche Ziele verfolgen Sie mit dem Selbstcoaching?
- Was genau wollen Sie erreichen?
- Was müsste eine für Sie attraktive Lösung beinhalten?

- Bis wann wollen Sie Ihr Ziel erreichen?

Ich möchte Ihnen aber hier noch effektivere Fragen für Ihr Selbstcoaching vorstellen:

- Woran werden Sie merken, dass Sie Ihr Ziel erreicht haben?

- Wie wird das erreichte Ziel Ihr Leben verändern?

- Wenn Sie jemanden aus Ihrem Umfeld fragen würden, was wohl Ihr Ziel sein könnte, was würde er / sie voraussichtlich sagen?

- Wenn die Dinge in Zukunft gut laufen, wer würde das außer Ihnen noch merken?

- Welche Veränderungen würden diesen Personen auffallen?

- Wer würde Ihren Erfolg bedauern? Und: Wie würden Sie damit umgehen?

- Welchen Nutzen würde die Zielerreichung Ihnen und anderen Menschen (Familie, Freunden, Kollegen etc.) bringen?

  ____

  ____

- Stellen Sie eine möglichst ausführliche Liste von wahrscheinlich positiven Konsequenzen zusammen, die sich ergeben, wenn Sie Ihr Ziel erreicht haben. Sollte es Ihnen schwerfallen, dann könnte es nötig sein, das konkrete Ziel noch einmal zu überdenken!

  ____

  ____

- Die Wunderfrage nach Steve de Shazer (de Shazer & Dolan, 2013): Stellen Sie sich vor, es passiert – während Sie schlafen – ein Wunder. Sie bekommen das aber nicht mit, weil Sie fest schlafen. Durch dieses Wunder wird das, was Sie belastet, so gelöst, dass es Sie nicht länger beschäftigt. Am nächsten Morgen wachen Sie auf, ohne zu wissen, dass dieses Wunder geschehen ist. Woran würden Sie bemerken, dass etwas anders ist?

  ____

  ____

- Was machen Sie jetzt anders, nachdem das Wunder geschehen ist?

  ____

  ____

- Wer außer Ihnen würde es noch merken?

  ____

  ____

- Welche neuen Verhaltensweisen würde diese Person an Ihnen beobachten?

  ____

  ____

Vom bösen anderen zum eigenen Anteil

Inhalt: Zwischenmenschliche Problemsituationen identifizieren, Erwartungen an die beteiligten Personen formulieren und dann die eigenen Handlungsmöglichkeiten beleuchten

Ziel: Erkennen der eigenen Handlungsoptionen durch den Wechsel der Blickrichtung

Wenn wir Problemen gegenüberstehen, neigen wir dazu, mit analytischem Blick in der Vergangenheit nach Ursachen zu suchen. Wir wollen den Grund oder den Schuldigen finden und damit einen Zusammenhang zwischen Ursache und Wirkung herstellen. Wir rutschen damit aber leicht in die Opferrolle und schimpfen über die „bösen anderen“ oder beklagen uns über die Umstände. Wenn wir in diesem Modus an die Lösung denken, fallen uns zumeist nur Lösungen im Außen ein: Die Firma muss uns mehr Budget geben, der Partner muss sich ändern, die Regierung muss das Problem lösen etc. Mit solch einem Fokus reduzieren wir die Möglichkeiten unweigerlich und erkennen keinen Ausweg als jenen, der darin besteht, dass *andere* sich ändern.

1. Schritt

Wenn es in Ihrem Selbstcoaching um ein zwischenmenschliches Problem geht, dann schreiben Sie es kurz nieder. Das könnte wie folgt lauten:

- *„Mein Nachbar beschimpft mich.“*
- *„Meine Mitarbeiterin zeigt kein Interesse.“*
- *„Mein Vorgesetzter lobt mich nie.“*
- *...*

2. Schritt

Formulieren Sie nun Ihre Erwartungen an diesen Menschen. Was sollte diese Person Ihrer Meinung nach in Bezug auf Sie völlig anders machen?

- *„Mein Nachbar soll sich um seine eigenen Angelegenheiten kümmern und mich und meine Familie in Ruhe lassen."*
- *„Meine Mitarbeiterin soll sich ihre Arbeit selber organisieren, sich aktiv um Dinge bemühen und bei mir oder ihren Kollegen nachfragen."*
- ...

3. Schritt

Nun ändern Sie bewusst die Blickrichtung – weg vom anderen, hin zu sich selbst. Formulieren Sie die Sätze um. Fordern Sie nichts, sondern beschreiben Sie eine eigene Handlung, die zum gleichen Ergebnis führen kann. Aus „Meine Mitarbeiterin zeigt kein Interesse" kann z. B. werden: „Ich werde einen Weg finden, wie ich meine Mitarbeiterin mehr in die Arbeit einbinden kann." Oder aus „Mein Nachbar beschimpft mich" kann z. B. „Ich werde versuchen, mich besser von meinem Nachbarn abzugrenzen" werden.

4. Schritt

Gehen Sie nun folgende Fragen durch:

- Was verändert sich für Sie durch die neue Definition?
- Welchen Denkansatz halten Sie, mit Blick auf Ihre persönliche Entwicklung, für günstiger, und warum?
- Was genau leiten Sie daraus für Ihre persönlichen Herausforderungen ab?
- Können Sie daraus ein Ziel für Ihr Selbstcoaching definieren?

Quelle / Inspiration für diese Übung: Abwandlung der Übung „Handeln statt erwarten" („Die 10 besten Übungen fürs Selbstcoaching im Überblick" von Martin Wehrle; Quelle: ↗ http://www.zehn.de/handeln-statt-erwarten-2478624-1)

Positive Zielformulierung

Inhalt: Sich mit der positiven Formulierung von Zielen auseinandersetzen

Ziel: Eine konkrete positive Formulierung für sein angestrebtes Ziel finden

Am Beginn dieses Kapitels habe ich hilfreiche Eigenschaften von Zielen beschrieben. Eine dieser Eigenschaften ist die positive Zielformulierung. Es reicht eben nicht, zu wissen, was man nicht mehr will. Es geht darum, ganz konkret zu formulieren, was man stattdessen möchte (als Fortsetzung der Übung „Die Macht der Worte“, S. 51). Mit dieser Übung können Sie einerseits überprüfen, wie gut Ihnen diese positive Formulierung schon ganz allgemein gelingt. In einem weiteren Schritt sollten Sie sich dann Ihr persönliches Ziel vornehmen und es auf seine positive und motivierende Formulierung hin überprüfen.

Bitte versuchen Sie, folgende Ziele umzuformulieren:

Statt einem „Weg-von“-Ziel …	… besser ein „Hin-zu“-Ziel
Nicht mehr ängstlich sein.	Situationen aktiv anpacken.
Nicht ausrasten und rumschreien.	
Nicht mehr ständig nachgeben.	
Nicht mehr gestresst sein.	
Nicht mehr streiten.	
Bei Entscheidungen nicht mehr so unsicher sein.	

Lösungsvorschläge finden Sie auf Seite 60.

Nun formulieren Sie Ihr persönliches Ziel – falls Sie es nicht ohnehin schon positiv ausgedrückt haben – in Anlehnung an die vorige Übung um:

Statt eines Weg-von-Ziels …

… besser ein Hin-zu-Ziel

Positive Zielformulierungen

Lösungsvorschläge zur Übung von Seite 59:

Statt eines „Weg-von"-Ziels …	… besser ein „Hin-zu"-Ziel
Nicht mehr ängstlich sein.	Situationen aktiv anpacken.
Nicht ausrasten und rumschreien.	Freundlich und gelassen sein.
Nicht mehr ständig nachgeben.	Aktiv Grenzen setzen.
Nicht mehr gestresst sein.	Entspannt und gelassen sein.
Nicht mehr streiten.	Konstruktive Gespräche führen.
Bei Entscheidungen nicht mehr so unsicher sein.	Entscheidungen entschlossen und überlegt angehen.

Die Optimismus-Brille

Inhalt: Problemsituationen aus einer anderen Perspektive betrachten

Ziel: Die möglichen Chancen und Vorteile in subjektiv als schwierig erlebten Situationen erkennen, sein Ziel konkreter ausformulieren

1. Denken Sie an das Problem, das Sie im Selbstcoaching lösen wollen.

Mein Problem:

- Wie würden Sie diese Situation einem Außenstehenden beschreiben?

- Was genau ist das Problem?

- Wie geht es Ihnen in dieser Situation (seelisch, geistig, körperlich)?

2. Nun stellen Sie sich vor, es gäbe eine „Optimismus-Brille". Das, was Sie ohne diese Brille als Problem sehen, nehmen Sie mit dieser Brille als Chance wahr. Setzen Sie nun bitte die Optimismus-Brille gedanklich auf und schauen Sie nochmals auf Ihr Ausgangsproblem. Beschreiben Sie jetzt noch einmal Ihre Situation. Wenn Sie zum Beispiel ein Konflikt belastet, sagen Sie jetzt vielleicht: „So betrachtet, ist das eine super Chance, über die jeweiligen Bedürfnisse nachzudenken. Außerdem kann ich dabei meine lösungsorientierte Einstellung unter Beweis stellen."

Mein Problem – anders betrachtet:

____

____

____

3. Gehen Sie die möglichen Argumente mit dem Blick durch die Optimismus-Brille noch einmal durch. Welche würden Sie gerne übernehmen? Welche Vorteile würde Ihnen diese Sichtweise bringen? In den allermeisten Fällen werden Probleme kleiner, wenn man sie als Herausforderungen oder Chancen wahrnimmt.

Ein möglicher Vorteil dieser veränderten Sichtweise – Chance statt Problem – wäre:

____

____

____

4. Wie würden Sie jetzt handeln und denken? Schreiben Sie auf, was Sie davon übernehmen wollen. An welchen Handlungen werden Sie den Erfolg bemerken?

Mögliche Maßnahmen angesichts dieser Chance wären:

____

____

____

Bleiben Sie ab Schritt 2 immer konsequent in der Optimismus-Sichtweise. Sollten Sie in die pessimistische Sichtweise kippen – „Ja, aber das ist doch …" –, holen Sie sich schnell wieder zurück. Es geht hier um eine Übung und die bewusste Erlaubnis, die Perspektive zu wechseln und sich von den neuen Aspekten überraschen zu lassen.

Quelle / Inspiration für diese Übung: Abwandlung der Coachingübung „Der neue Bilderrahmen" aus dem Buch *Die 100 besten Coaching-Übungen* von Martin Wehrle (2016, S. 199)

Beispiel

Mit der Optimismus Brille die Chancen erkennen

Angenommen, Sie hätten Ihren Arbeitsplatz verloren. Die Firma wird ins Ausland verlegt, und aufgrund Ihrer familiären Verpflichtungen können Sie nicht mitgehen. Diese Situation macht Ihnen Sorgen, denn Sie sind auf das Einkommen angewiesen. Abgesehen davon haben Sie Ihre Arbeit gerne gemacht und sich im Team wohlgefühlt. Es kommt nun eine große Veränderung auf Sie zu, und Sie müssen sich eine neue Arbeit suchen. Vielleicht zählen Sie zu jenen Personen, die darunter leiden. Sie neigen möglicherweise zum Schwarzmalen und befürchten, keine neue Arbeit zu finden, Einbußen in Ihrem Lebensstandard zu haben, keine netten Kollegen mehr zu finden etc. Grund genug, diese Übung auszuprobieren.

Betrachten Sie Ihre Situation mit der Optimismus-Brille. Wie könnten Sie Ihre Situation nun beschreiben? Möglicherweise würden Sie jetzt sagen, dass Sie die Chance haben, Ihre weitere Berufslaufbahn nochmals gut zu überdenken. Sie haben die Chance auf eine neue Aus- oder Weiterbildung, möglicherweise sogar mit einer Förderung. Vielleicht wollten Sie immer schon etwas ganz anderes machen, haben das aber nie zu überlegen gewagt, weil Ihre Arbeit ja im Grunde gut gepasst hat und Sie nie ins Ungewisse wechseln würden, wenn die aktuelle Situation okay ist. Möglicherweise haben Sie nun mehr Zeit für Ihre Familie, Ihre Kinder, endlich ausreichend Zeit für einen ausgedehnten Urlaub usw.

Wie würden Sie jetzt handeln? Welche nächsten Schritte würden Sie jetzt, angesichts der neuen Chance(n), einleiten?

Brief aus der Zukunft

Inhalt: Aus der Zukunft auf sein ideales Leben zurückblicken und darüber einen Brief schreiben

Ziel: Ein angenehmes Bild des eigenen Lebens mit möglichst vielen Details und konkreten Situationen beschreiben

Stellen Sie sich selbst in der Zukunft vor, in einem Jahr, in fünf Jahren, wann auch immer. Stellen Sie sich des Weiteren vor, Sie hätten gerade einen Brief von einem alten Freund oder einer Freundin erhalten, den / die Sie schon viele Jahre nicht mehr gesehen haben. Sie werden in diesem Brief gefragt, wie es Ihnen gerade geht und was Sie so machen. Sie möchten dieser Person nun ebenfalls einen Brief schreiben und ihr mitteilen, was sich gerade in Ihrem Leben tut. Beginnen Sie Ihr Schreiben mit „Lieber XY" und versehen Sie es mit einem Datum in der Zukunft. Nun erzählen Sie, dass es Ihnen hervorragend geht, und berichten, was immer Sie in Ihrer Zukunft Erfreuliches erleben und sehen. Bitte lassen Sie dabei Ihrer Fantasie freien Lauf.

Wichtig bei dieser Übung: Erlauben Sie sich, von einer wunderbaren Zukunft zu träumen, in der Ihr Problem gelöst ist. Entwerfen Sie dabei ein angenehmes Bild Ihres Lebens in der Zukunft mit möglichst vielen konkreten Situationen Ihres Alltags. Achten Sie dabei darauf, keine Negativbotschaften zu verwenden. Taucht in Ihren Gedanken ein „nicht" oder „kein" auf, denken Sie: „Was werde ich stattdessen tun?" Oder: „Was wird stattdessen da sein?"

Quelle / Inspiration für die Übung: *Jetzt geht's! Erfolg und Lebensfreude mit lösungsorientiertem Selbstcoaching* von Rolf Reinlassöder und Ben Furman (2013, S. 40)

Mit dem Brief aus der Zukunft Herzensthemen aufspüren

Eine Freundin von mir hatte sich vor Kurzem als Trainerin und Coach selbstständig gemacht und arbeitete an ihrer Positionierung und ihrem Themenangebot. Dabei wollte sie sich Unterstützung organisieren. Ich empfahl ihr, vorab diese Übung zu machen, um noch etwas klarer in ihren Vorstellungen zu werden. Sie war danach sehr begeistert und auch erstaunt über das Ergebnis, denn die Vorstellung der Situation und das Schreiben brachten auf einmal eine Klarheit, die sie bis dato nicht erreicht hatte. Nach der Übung war für sie ganz klar, dass sie sich speziell für Frauen einsetzen wollte. Vor allem die Themen Talententwicklung und Potenzialentfaltung waren ihre Herzensthemen.

Talisman-Technik

Inhalt: Seinen Ausgangszustand und sein Ziel benennen und je ein Symbol dafür finden

Ziel: Unser kompetentes Unterbewusstes für die Lösung eines Problems nutzen. Durch einen (oder mehrere) Talisman/e wird eine unbewusste Beschäftigung mit Lösungswegen in Gang gesetzt

1. Schritt: „Symbolwahl für den Ausgangszustand"

Denken Sie an Ihre belastende Situation, also jene Situation, die Sie ändern möchten. Überlegen Sie sich nun ein Symbol dafür. Es sollte etwas sein, das Sie auch mit sich herumtragen können – zumindest manchmal. Das, was uns möglichst spontan dazu einfällt, ist meist ein sehr treffendes Symbol. Wenn Sie ein passendes Symbol benannt haben, dann überlegen Sie, warum Sie es gewählt haben oder warum es Ihrer Meinung nach zu dieser Situation passt.

2. Schritt: Symbolwahl für den Zielzustand

Jetzt stellen Sie sich dieselbe Situation mit einem optimalen Ausgang vor. Lassen Sie das gewünschte Lösungsbild vor Ihrem inneren Auge entstehen. Und nun wählen Sie für diesen Idealzustand ein Symbol (Gegenstand). Wie schon zuvor sollte es etwas sein, dass Sie gelegentlich mit sich herumtragen oder gut sichtbar positionieren können. Überlegen Sie wieder, warum Sie genau dieses Symbol gewählt haben.

3. Schritt: Transfer in den Alltag

Nun ist Ihre Aufgabe, die genannten Symbole bzw. Gegenstände zu suchen oder zu kreieren (vielleicht müssen Sie etwas basteln oder zeichnen) und sie in den nächsten Wochen mit sich herumzutragen oder sie gut sichtbar zu Hause oder am Arbeitsplatz (je nachdem, welcher Lebensbereich betroffen ist) aufzustellen. Ganz so, als würde es sich um Ihren persönlichen Talisman handeln. Sie sollten mindestens vier Wochen Ihre Symbole bei sich tragen bzw. betrachten und während dieser Zeit beobachten, was sich für Sie bzw. an Ihrer Ausgangslage verändert.

Sie können darauf vertrauen, dass Ihr kompetentes Unterbewusstes durch die ständige Erinnerung mittels Ihres ganz persönlichen Talismans einen guten Lösungsweg finden wird.

Quelle / Inspiration für die Übung: Gehört bei einem Vortrag von Gunther Schmidt und etwas abgewandelt in meinem Buch *Coaching in der Praxis* (2013) zu finden

Beispiel

„Talisman-Technik"

Nehmen wir an, Ihr Problem bezieht sich auf das Thema Abgrenzung. Sie nehmen sich kritisches Feedback (von Kollegen, vom Chef oder wem auch immer) sehr zu Herzen und können danach schwer abschalten. Für den Ausgangszustand wählen Sie ein selbst gezeichnetes Bild: ein Herz mit einem Pfeil. Es symbolisiert das negative „Sich-zu-Herzen-Nehmen".

Für den Zielzustand „Kritik gut annehmen und sich gegebenenfalls gut abgrenzen können" wählen Sie einen Knopf. Einen Knopf haben Sie fast immer bei sich (z. B. an einer Hose, Weste oder Bluse). Sie assoziieren damit „zuknöpfen" – und das passt für Sie gut zur Thematik des Abgrenzens. Gleichzeitig können Sie etwas aufknöpfen und Kritik auch als hilfreiches Feedback annehmen.

Beide Symbole tragen Sie als Talisman in der nächsten Zeit entweder mit sich oder stellen sie gut sichtbar an Ihrem Arbeitsplatz oder in Ihrer Wohnung auf.

3. Der Blick zurück – das alte Ufer noch einmal bewusst wahrnehmen

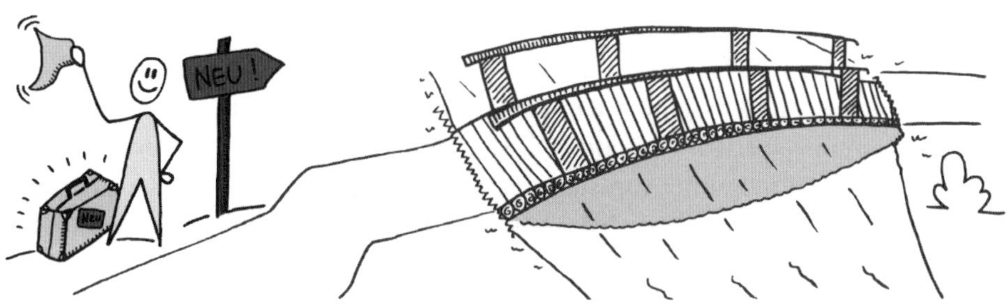

Möglicherweise sind Sie innerlich schon unruhig und stehen bereits in den Startlöchern. Geduld, Geduld! Bevor Sie endgültig loslegen, steht noch ein kurzer, aber wichtiger Zwischenschritt an. Nachdem Sie im ersten Schritt in aller Ruhe für sich geklärt haben, wo Sie in Ihrem Leben vorrangig eine Veränderung vornehmen wollen, und im zweiten Schritt Ihr Ziel definiert, präzisiert und auf seine Erreichbarkeit hin überprüft haben, bedarf es jetzt noch eines wichtigen Gegenchecks, bevor Sie Ihre ersten Schritte planen und sich dann auf den Weg machen: ein kurzes Innehalten, ein Blick zurück, in Dankbarkeit für das bisher Erreichte, und ein bewusster Abschied vom dem, was Sie bei Ihrem Aufbruch zu neuen Ufern zurücklassen. Denn beim Aufstoßen neuer Türen gehen gleichzeitig immer auch alte Türen zu.

3.1 Der Preis des Erfolgs

Bevor Sie aufbrechen, sollten Sie sich unbedingt bewusst machen, dass wir für das Erreichen unserer Ziele stets auch einen Preis zahlen müssen. Überspringen wir diese Überlegung und kommen erst im Lauf des weiteren Wegs darauf, dass uns der Preis eigentlich zu hoch ist, erlahmt die Energie meist schlagartig, und das Resultat heißt schlimmstenfalls: Außer Spesen nichts gewesen. Das gilt es zu vermeiden. Da ist es allemal besser, Sie überlegen sich jetzt gleich eine Alternative, als unterwegs die Reise abzubrechen, nachdem Sie schon eine Menge Zeit und Mühe investiert haben.

Sich von Gewohntem, Vertrautem zu trennen fällt keineswegs immer leicht, selbst wenn es inzwischen nutzlos oder gar hinderlich geworden ist. Das kennt jeder von uns aus eigener Erfahrung, wenn es mal wieder ans Ausmisten der Wohnung geht. Oft klammern wir uns an alte Dinge mit einer Inbrunst, die uns sogar selbst schon etwas komisch vorkommt. Dabei haben wir diese Sachen seit 20 Jahren nicht mehr in der Hand gehabt. Aber Wegwerfen oder Verschenken? Kommt gar nicht infrage!

Der österreichische Skirennläufer Benjamin Raich brachte das Dilemma einmal genau auf den Punkt, als er bei einem Interview sinngemäß sagte: „Ich musste mir erst erlauben zu siegen." Er wusste, wenn er erst einmal zum Spitzenläufer würde, würde das sein Leben unweigerlich verändern. Dann hätte er plötzlich jede Menge Neider, die Presse würde ständig über ihn schreiben, er würde ständig unter Beobachtung stehen, die Erwartungen an ihn würden enorm wachsen, und wenn er als neuer Siegläufer künftig nur Zweiter würde, gälte das schon als Formtief. So war es dann auch. Nicht umsonst heißt es „der Preis des Erfolgs".

Bei einer Coachingklientin, mit der ich zunächst ein berufliches Problem bearbeitet hatte, war das Abwägen der Kosten und Nutzen einer Entscheidung eindeutig: Sie war unglücklich in ihrer Ehe und dachte darüber nach, sich von ihrem Mann zu trennen. Ich lud sie zu einer kurzen Übung ein: „Stellen Sie sich vor, Sie sind bereits geschieden und leben jetzt ohne Ihren Mann in dem Haus. Wie wäre das für Sie?" Sie dachte eine Zeit lang darüber nach, und meine Vermutung war, sie würde etwas antworten wie: „Das fühlt sich gut an." Ihre tatsächliche Antwort aber lautete: „Nein, auf keinen Fall! Das wäre ganz schlimm!" Ihre Begründung kam gleich hinterher: „Wir leben in einem kleinen Ort. Dort alleine als Geschiedene zu wohnen tu ich mir nicht an. Dann müsste ich mich von dem dort gesellschaftlich akzeptierten und respektierten ‚Frau Dr., verheiratet, Kinder, Haus' verabschieden – und das ist es mir ehrlich gesagt nicht wert." Als Konsequenz dieser Überlegung entschied sie, wie schon in den vergangenen Monaten weiterhin mit ihrem Mann in einer Art Wohngemeinschaft zusammenzuleben und „den Schein zu wahren". Auch wenn man ihre Entscheidung als fragwürdig anzweifeln kann, es war die Lösung, die ihr in diesem Augenblick in dieser Situation am besten erschien. Wenn ihr der Preis einer Scheidung zu hoch ist – ja warum denn nicht? Der entscheidende Punkt ist: Egal, was man tut, man zahlt immer einen Preis. Und man tut gut daran, das mitzubedenken, wenn man eine Veränderung anstrebt.

3.2 Übungen

Entrümpeln

Inhalt: Bewusstes Abschiednehmen von Alltagsdingen

Ziel: Sich befreien, Platz schaffen für Neues

An diesem Punkt Ihres Wegs geht es darum, sich bewusst noch einmal dem alten Ufer – also Ihrem derzeitigen Ausgangszustand – zuzuwenden. Sie werden in der Folge unweigerlich mit den Themen Abschiednehmen und Loslassen konfrontiert werden. Dadurch schaffen Sie aber Platz für Neues.

Eine erste Übung, die zumeist sehr befreiend wirkt, kann das Entrümpeln der Wohnung oder eines bestimmten Bereichs der Wohnung (z. B. Keller) bzw. des Arbeitsplatzes sein. Im Lauf eines Lebens sammelt sich vieles an. Es füllt unsere Kästen und Schränke oder verbraucht viel Platz auf dem Dachboden oder im Keller. Oft sehnen wir uns danach, unser Leben zu entrümpeln. Wir wollen frei sein, unbelastet und unbeschwert.

Starten Sie also Ihre Veränderung mit dem Aufräumen bzw. Entrümpeln eines dieser Bereiche und erleichtern Sie damit Ihren Rucksack, indem Sie nur das behalten, was Sie wirklich benötigen. Sie könnten z. B. Kleider und altes Geschirr weggeben, alte Unterlagen wegwerfen, Bücher verschenken, die Sie nicht mehr lesen werden, die Wohnung ordentlich durchputzen, den Dachboden ausräumen, Keller und Garage entrümpeln, das kaputte Rad reparieren etc.

Der Start ist dabei immer das Schwierigste. Wenn Sie aber erst einmal damit begonnen haben, werden Sie die befreiende Wirkung spüren. Genießen Sie dann bewusst das gute Gefühl und seien Sie stolz darauf, diese Übung in Angriff genommen zu haben. Denn wann immer Sie wollen, dass etwas Neues in Ihr Leben tritt, tun Sie gut daran, dafür Platz zu schaffen. Symbolisch und real.

Entrümpeln setzt neue Energien frei

Größere Unternehmungen starte ich selber immer mit diesem Ritual. Wenn es ein berufliches Ziel gibt, dann starte ich mit der Entrümpelung an meinem Arbeitsplatz, entweder in meinem Büro, im Seminar- oder Coachingraum. Früher dachte ich, diese Handlungen seien eine Art Verzögerungstaktik, um mich nicht mehr um das Ziel kümmern zu müssen. Bis ich dann bemerkte, dass mich die Entrümpelung befreite und mich meine Energie besser aufs Ziel fokussieren ließ.

Wenn Sie sich mit dem Wegschmeißen schwertun, dann können Sie den Tipp einer Bekannten von mir beherzigen. Sie empfahl mir für das Entrümpeln des Kleiderschranks folgende stufenweise Vorgangsweise: Zuerst aussortieren und diese Sachen in einem Sack verstauen und ein halbes Jahr z. B. im Keller zwischenlagern. Wenn Ihnen die Kleider in diesem halben Jahr nicht gefehlt haben, dann können Sie sie anschließend guten Gewissens weggeben. Diese Vorgehensweise kann natürlich auch auf alle anderen Bereiche (Schuhe, Geschirr, Bücher, Möbel etc.) angewandt werden.

Abschied nehmen

Inhalt: Bewusster Abschied von dem, was wir zurücklassen

Ziel: Absichern des Ziels; (an-)erkennen der Tatsache, dass wir oft etwas Altes zurücklassen müssen, wenn wir etwas Neues anstreben

Bevor Sie aufbrechen, sollten Sie sich unbedingt bewusst machen, dass wir für das Erreichen unserer Ziele immer auch einen Preis zahlen müssen. Auch wenn Sie Ihre Situation ändern wollen und auf ein (neues) Ziel zusteuern, nehmen Sie sich Zeit für jene Dinge, die Sie zurücklassen werden.

Füllen Sie folgende Fragen in Bezug auf Ihre Ausgangssituation aus:

- Diese Gewohnheiten / diese Rituale werde ich zurücklassen (müssen):

  ____

  ____

- Diese Menschen / Dinge werde ich zurücklassen (müssen):

- Diese Empfindungen möchte ich zurücklassen:

- Diese Umstände möchte ich zurücklassen:

Abschied nehmen von Altem und Neues begrüßen

Eine Coachingklientin, Mitte 30, beschloss, zu ihrem Freund zu ziehen. Sie siedelte aus der Großstadt in ein kleines Dorf aufs Land, 600 Kilometer vom derzeitigen Wohnort entfernt. Ihren Arbeitsplatz konnte sie behalten, da die Firma auch in der neuen Region eine Außenstelle hatte und ihre Tätigkeit ohnehin zu 80 Prozent Außendienst war.

Zwischen der ersten und zweiten Coachingeinheit gab ich ihr sowohl diese als auch die nächste Übung („Dankbarkeitszeilen") mit. Meine Coachingklientin beantwortete die Fragen dieser Übung wie folgt:

Diese Gewohnheiten / diese Rituale werde ich zurücklassen (müssen):

Regelmäßig ins Theater und in Ausstellungen gehen; spontan am Abend unterwegs sein; Shoppingtouren zwischendurch; aufs Auto verzichten und mit öffentlichen Verkehrsmitteln fahren; jederzeit ins Fitnesscenter gehen zu können – auch in der Nacht; die Frühstückstreffen mit meinen beiden Freundinnen

Diese Menschen / Dinge werde ich zurücklassen (müssen):

Meine Schwester und ihre Familie – vor allem meine kleine Nichte, die ich jederzeit besuchen konnte; meine lieben Kollegen und Kolleginnen, mit denen ich immer viel Spaß hatte, wenn ich in die Firma gekommen bin; einen Teil meiner Einrichtung; meine nette Mietwohnung und die Nachbarschaftskontakte

Diese Empfindungen möchte ich zurücklassen:

Das Gefühl, meinen Freund zu vermissen; das Gefühl, nirgends richtig hinzugehören; das Gefühl, dass wir uns wieder trennen müssen

Diese Umstände möchte ich zurücklassen:

Einsame Nächte; die ewig langen Fahrten am Wochenende, um meinen Freund zu treffen; den hohen Koordinierungsaufwand für die Abwesenheitszeiten oder wenn mein Freund zu mir gekommen ist

Dankbarkeitszeilen

Inhalt: Sich Zeit für Dinge nehmen, für die wir dankbar sind

Ziel: Eigene Ressourcen, Erfolge und Lernfortschritte bewusst wahrnehmen, Selbstvertrauen für den Weg zum Ziel stärken

Nehmen Sie sich auch Zeit für jene Dinge, für die Sie dankbar sind. Für das, was Sie bisher erreicht haben, für das, was Sie lernen durften, und für das, was Sie auf Ihrer Reise zum Ziel begleiten wird.

Füllen Sie folgende Zeilen in Bezug auf Ihre Ausgangssituation aus:

Dafür bin ich dankbar

- Diesen Menschen / Dingen bin ich dankbar:

  ____

  ____

- Das habe ich bisher erreicht:

  ____

  ____

- Das habe ich bisher daraus gelernt:

  ____

  ____

- Diese Erfahrung / Erkenntnisse möchte ich mit auf den Weg nehmen:

  ____

  ____

- Ohne mein „Problem" hätte ich nie:

  ____

  ____

Quelle / Inspiration für die Übung: Dankbarkeitsübungen von Martin Seligman: „Three blessings" und „Gratitude letter" (einzusehen unter: ↗ http://www.seligman-europe.com; über „Materialien", „Wissensdatenbank" und „Positive Psychotherapie" kommt man zu der entsprechenden Dropbox-Seite)

„Dankbarkeitszeilen“

Derselben Coachingklientin wie bei der Übung „Abschied nehmen“ gab ich auch diese Übung bis zur nächsten Coachingeinheit mit.

Sie schrieb dazu:

Dafür bin ich dankbar:

Unterstützung meiner Familie, meiner Freunde und auch meiner Arbeitskollegen bei diesem Schritt; die Geduld meines Freundes und das Verständnis dafür, dass ich für die Entscheidung so lange gebraucht habe; dafür, dass ich so nette Menschen kennenlernen durfte; Unterstützung meines Coaches bei der Entscheidungsfindung; dass ich den Mann meiner Träume getroffen habe; dass unsere Fernbeziehung so lange gehalten hat; dass die Firma mir diesen Schritt leicht macht und unkompliziert darauf reagiert hat

Diesen Menschen / Dingen bin ich dankbar: *siehe oben*

Das habe ich bisher erreicht:

Gute Beziehung mit meinem Partner etabliert; Entscheidung wohlüberlegt und gut organisiert; über mich selbst reflektiert, damit ich weiß, was ich wirklich will; meinen Job gut gemacht – Firma unterstützt mich; aus einer früheren schwierigen Beziehung viel gelernt und nun neue Partnerschaft gefunden

Das habe ich bisher daraus gelernt:

Das Leben hält viele positive Überraschungen für mich bereit; es geht immer weiter; Reaktionen von der Umgebung sind oft positiver als gedacht – siehe meine Firma

Diese Erfahrung / Erkenntnisse möchte ich mit auf den Weg nehmen:

Wenn man einmal eine klare Entscheidung getroffen hat und diese auch dem Umfeld kommuniziert, wird es leichter als gedacht

In der zweiten Coachingeinheit brachte sie die ausgefüllten Bögen mit und berichtete, dass ihr das Schreiben gutgetan habe, auch wenn es durchaus schmerzhaft und von Wehmut begleitet war, sich diese Dinge so klar vor Augen zu führen.

4. | Der Weg – Aufbruch zu neuen Ufern

4.1 Die Ausrüstung checken

„Wer sichere Schritte tun will, muss sie langsam tun.“

(Johann Wolfgang von Goethe)

Nachdem Sie jetzt Klarheit über das neue Ufer erlangt haben und sich auch nochmals ihrer Ausgangslage, dem „alten“ Ufer, gewidmet haben, sollten Sie sich jetzt den Weg zum neuen Ufer genauer ansehen:

- Wie ist dieser Weg über die Brücke beschaffen?
- Was wird Sie auf Ihrem Weg erwarten, womit rechnen Sie?
- Gibt es Möglichkeiten, um sich auszuruhen und Energie (Zuversicht und Motivation) zu tanken?
- Welche Hilfsmittel und „Werkzeuge“ werden Sie auf Ihrem Weg unterstützen? Auf welche Ressourcen und Fähigkeiten können Sie bauen?

Es geht bei dieser Bewusstwerdung darum, die Stabilität der Brücke einzuschätzen bzw. Vorkehrungen für etwaige Zweifel und Demotivation zu treffen, die uns unterwegs zu schaffen machen, die die Brücke zum Einsturz bringen könnten.

Setzen Sie sich dabei auch präventiv mit möglichen Hindernissen auseinander. Es kann hilfreich sein, eine Liste mit möglichen Hindernissen zu erstellen und dazu jeweils einen kurz skizzierten Plan zu entwerfen, wie Sie damit im Fall des Falles umgehen werden. Das vermittelt Sicherheit, Vertrauen und das Gefühl, für die meisten Eventualitäten gut gerüstet zu sein.

In diesem Abschnitt geht es also um eine realistische Einschätzung der Lage. Sie sollten dabei aber nicht zu besorgt in die Zukunft sehen und auch keine detaillierten Notfallpläne ausarbeiten. Vielmehr geht es um das Bewusstsein und Ihre innere Haltung beim Umgang mit etwaigen Problemen auf dem Weg.

- Welche Hindernisse können auftauchen?

  ____

  ____

- Wie könnte ich konstruktiv damit umgehen?

  ____

  ____

Der Weg ist das Ziel?!

Dass es vielen Menschen schwerfällt, klare Ziele in ihrem Leben zu formulieren, wurde bereits erwähnt. Ebenso kommt es aber auch vor, dass Menschen zwar ihre Ziele glasklar vor Augen haben, sich aber extrem schwer damit tun, den passenden Weg dorthin zu finden. Fragt man diese Menschen, was sie konkret zu unternehmen gedenken, um ihr Ziel zu erreichen, erntet man meist … Schweigen. Die Übersetzung in konkrete Schritte – und das Anordnen dieser Schritte in eine sinnvolle Reihenfolge – sind genauso Fähigkeiten wie das Finden und Formulieren von Zielen. Und nicht jedermann bzw. jedefrau ist darin gleich gut. In Coachings erlebe ich immer wieder, dass Klienten keine Maßnahmen und Schritte einfallen, die sie ergreifen könnten, um ihr Ziel zu erreichen, weshalb ich bei den Gesprächen stets Notizen mache und eigene Ideen notiere, die ich den Klienten bei Bedarf zur Verfügung stellen kann. Beim Selbstcoaching kann ein Wegbegleiter sehr nützlich sein, indem er Vorschläge macht, die Sie wiederum zu eigenen Ideen inspirieren, bis Sie überzeugt sagen können: „Ja, jetzt weiß ich, was ich unternehmen kann! Jetzt weiß ich, was meine ersten Schritte sein werden."

Hellhörig sollten Sie aber werden, wenn Sie sich dabei ertappen, wie Sie die beigesteuerten Ideen sofort mit dem berühmten „Ja, aber …" kontern. Damit beginnt schnell ein Psychospiel, bei dem am Ende beide Seiten frustriert sind und sich als Verlierer fühlen: Sie selbst, weil Sie sich Ihre alte Überzeugung „Mir kann keiner helfen!" bestätigt haben, und Ihr Gesprächspartner, der, nachdem er sich bei der Ideenentwicklung abgearbeitet hat, frustriert von dannen zieht und sich ebenfalls denkt: „Der Person ist wirklich nicht zu helfen!"

Erinnern Sie sich daher bewusst daran: Im ersten Schritt geht es nur um das Kreieren und Sammeln möglichst vieler Ideen. Jede Idee ist willkommen, egal, wie komisch sie zunächst auch klingen mag. Bewertet wird später!

Unterstützung für die Planung

Wenn Sie dann (eine Fülle von) Maßnahmen gesammelt haben (auch hier gilt wieder: Aufschreiben hilft!), müssen diese erst in eine sinnvolle Reihenfolge gebracht werden, bevor Sie Richtung Ziel aufbrechen können. Womit wollen Sie beginnen? Welcher Schritt kommt dann? Was baut worauf auf? Was kommt zuerst, was danach? Verzagen Sie nicht, wenn die Planung nicht auf Anhieb gelingen will. Je mehr Sie üben, desto leichter wird es. Und denken Sie daran, dass Sie sich, wann immer nötig, Unterstützung suchen können und dürfen.

Folgende Punkte sind auf dem Weg zum Ziel hilfreich:

Auf Fortschritte achten – Erfolge feiern

Legen Sie ein Augenmerk auf die kleinen Fortschritte, die man im Alltag leicht übersieht. Dazu brauchen Sie etwas Zeit und Übung. Doch dieser Blick lohnt sich, weil Sie dadurch sehr viel Kraft für den weiteren Weg zum Ziel bekommen. Auch wenn Sie noch keine konkreten Schritte unternommen haben, haben Sie sich wahrscheinlich schon viele Gedanken gemacht. Das zählt natürlich auch. Folgende Übungen im Anschluss widmen sich diesem Thema: „Energiespeicher", „Fortschritte bemerken" und „Mein Logbuch".

Kleine Schritte

Gehen Sie langsam vor. Eine Schritt-für-Schritt-Methode ist erfolgversprechender, als gleich das große Ziel anzustreben. Denn Schritt für Schritt fällt es Ihnen leichter, die kleinen Erfolge relativ schnell zu sehen, was sich wiederum positiv auf Ihre Motivation auswirkt. Und es sind oft die kleinen Dinge, die etwas in Bewegung bringen und Sie somit auf dem Weg zu Ihrem persönlichen Ziel unterstützen.

Rückschläge gehören dazu

Das Erreichen des anderen Ufers wird nicht immer ganz einfach sein. Zu diesem Schluss sind Sie beim Durcharbeiten der vorigen Übungen möglicherweise schon gekommen. Denn wenn Ihr Ziel so leicht zu erreichen wäre, dann hätten Sie es schon längst erreicht. Es ist wahrscheinlich eine echte Herausforderung für Sie, eine schwierige Aufgabe. Aber es ist nicht unmöglich, sie zu lösen. Egal, ob es sich um eine Verhaltensänderung, eine berufliche Entscheidung oder ein Kommunikationsproblem in Ihrer Partnerschaft handelt.

Lassen Sie also ruhig Ihre Zweifel zu. Wie bereits eingangs erwähnt: Scheitern bzw. „Ehrenrunden" im Sinne von Rückfällen oder Rückschlägen gehören zu jeder komplexen Zielerreichung dazu. Erkennen Sie die Situation, so, wie sie ist, an, aber finden Sie sich nicht damit ab. Trauen Sie sich das Erreichen Ihres Ziels weiterhin zu. Haben Sie Zuversicht, dass Sie etwas verändern können. Nach Rückschlägen aufgeben oder weitermachen? Hier liegt der entscheidende Unterschied zwischen Pessimisten und Optimisten, zwischen jemandem, der resigniert, und einem anderen, der sich nicht entmutigen lässt und schließlich Erfolg hat.

Die bisher gemachten Fortschritte können auf dem Weg zu Ihrem Ziel sehr hilfreich sein. Aber auch das Vergegenwärtigen ähnlicher Situationen in der Vergangenheit, die Sie bereits erfolgreich gemeistert haben. Erkennen Sie bewusst frühere Erfolge an. Bei genauer Betrachtung werden Ihnen viele Probleme einfallen, die Sie bereits erfolgreich gelöst haben. Die Übung „Mut machen" fokussiert auf diesen Punkt.

Ressourcen identifizieren

Gerade wenn es um das Bewusstmachen und Aufspüren der eigenen, bereits vorhandenen Ressourcen geht, leistet das eigene „Logbuch" (s. Übung auf S. 85) gute Dienste. Vieles von dem, was in unserem Leben bereits gut funktioniert, was wir bereits können und vermögen, tun wir vorschnell als selbstverständlich ab. Damit schaden wir uns selbst, weil eine Anerkennung und Wertschätzung dessen, was wir bereits können und erreicht haben, positiv auf unser Selbstbild und unseren Selbstwert abstrahlt und uns jede Menge positive Energie liefern kann, wenn wir auf unserem Weg auf Schwierigkeiten stoßen. Ganz nach dem Motto: „Ich habe schon ganz andere Probleme gelöst, da werde ich das wohl auch schaffen!"

Manchmal sind wir in unserer Wahrnehmung so vom Problem eingenommen, dass wir gar nicht mehr erkennen, was eigentlich alles gut funktioniert in unserem Leben. Es gibt immer Dinge, die okay sind bzw. wirklich gut funktionieren. So jammert jemand, weil er viele Jahre keine Beziehung hatte und meint, beziehungsunfähig zu sein. Wenn man aber genauer hinsieht, erkennt man, dass die betreffende Person einen intakten Freundeskreis und damit einen Beweis dafür hat, dass die Beziehungsfähigkeit sehr wohl gegeben ist. Oder diese Person meint, sie käme nie mit Menschen in Kontakt und hätte daher gar keine Gelegenheit, jemanden zu treffen. Wenn man den (Berufs-)Alltag aber genauer beleuchtet, zeigt sich, dass sie jeden Tag auf vielfältige Art und Weise mit anderen in Kontakt tritt. Zum Beispiel mit Nachbarn, Kollegen und Kolleginnen, mit Kunden, Verkäufern etc.

Es kommt darauf an, wohin wir mit unserem Wahrnehmungsscheinwerfer leuchten: Das, worauf Sie Ihre Aufmerksamkeit richten, versorgt Sie mit Energie! Sie können den ganzen Tag auf Probleme schauen und sich auf diese Weise selbst hinunterziehen, oder Sie können neben dem Bemühen, die Probleme zu lösen, auf das schauen, was Ihnen dabei helfen wird. Das, was heute trotz allem gut geklappt hat, was Sie zum Lächeln gebracht hat, wo andere Leute freundlich und zuvorkommend waren, wo Sie jemand anderem helfen konnten.

Begleiter wählen

Eine sehr effektive Form der Unterstützung auf dem Weg zu seinem Ziel sind Coachingpartnerschaften unter Freunden oder Kollegen. Doch Augen auf bei der Wahl des Begleiters: So hilfreich es bei Veränderungsprozessen auch sein kann, eine vertraute Person an der Seite zu haben, die Ihnen Mut zuspricht, wenn die eigene Motivation nachlässt oder gerade ein Rückschlag verarbeitet werden muss, so kontraproduktiv kann sich diese „Partnerschaft" auch auswirken. Gerade gute Freunde können befangen (von Ihrem Vorhaben indirekt mit betroffen) sein. Stellen Sie sich beispielsweise vor, Sie spielen mit dem Gedanken, auszuwandern. Das Interesse Ihrer Freunde ist dann zumindest ambivalent, da sich Ihr Plan auch auf die gemeinsame Beziehung auswirkt. Ihre Freunde wollen Sie sicher nicht als Freund verlieren, daher sind viele „gut gemeinte" Ratschläge nicht selbstlos. Gerade weil eigene Veränderungsvorhaben oft auch Auswirkungen auf das eigene Umfeld haben, sei es auf die Familie oder auf Freunde, macht es Sinn, sich als Lernpartner eine Person mit vergleichbaren Interessen, aber ohne große persönliche Nähe zu suchen. Zum Beispiel eine Bekanntschaft aus einem gemeinsam besuchten Seminar oder einer Ausbildung. Um so eine Art von Unterstützung gebeten zu werden empfinden die meisten Menschen als Zeichen der Wertschätzung und willigen daher auch mit Freude ein.

Sie können aber auch Gleichgesinnte suchen. Egal, was Sie in Ihrem Leben verändern wollen, es gibt mit hoher Wahrscheinlichkeit andere Menschen, die gerade Ähnliches probieren. Nehmen wir das Beispiel „Wiedereinsteigerin". Es gibt eine Vielzahl an Frauen, die sich mit ähnlichen Sorgen (wie z. B. Betreuungsmöglichkeiten für die Kinder) herumschlagen. So eine Runde Gleichgesinnter, ob persönlich getroffen oder virtuell, bringt einerseits Entlastung („Ich bin anscheinend nicht die Einzige, der es so geht") und andererseits neue Ideen.

Die Gefahr ist, dass so ein Kreis zum Jammerkreis verkommt, in dem jeder den anderen sein Leid klagt, was eher entmutigt als ermutigt. In solch einem Fall ist es besser, sich ein motivierenderes Umfeld zu suchen.

Mit Gegenwind rechnen

So lustvoll und befriedigend es sein kann, Veränderungen im eigenen Leben vorzunehmen, so frustrierend ist es bisweilen zu merken, dass das eigene Umfeld anscheinend alles andere als begeistert reagiert und einen eher vom Ziel abbringen als dabei unterstützen will. Eine sehr beliebte Methode ist, Schuldgefühle zu provozieren: „Du bist aber egoistisch geworden!" Oder Zweifel zu säen: „Bist du dafür nicht zu jung / zu alt? Bist du sicher, dass du dich da nicht überforderst?" Sie tun also gut daran, von vornherein mit einer „steifen Brise" zu rechnen und sich darauf vorzubereiten. Eine Übung dazu finden Sie auf Seite 92 („Gegen den Wind").

In diesem Zusammenhang spielt auch das Thema „Grenzen setzen" eine wichtige Rolle. Grenzen zu setzen bzw. sich abzugrenzen ist sowohl ein mögliches Ziel an sich als auch ein Mittel, um die eigenen Ziele und Bedürfnisse zu schützen und zu verteidigen. Beim Ziehen von Grenzen geht es darum, selber genau zu wissen, welches mein Revier ist, das ich brauche, um mit mir und den anderen zufrieden zusammenleben / arbeiten zu können. Diese Grenzen müssen natürlich gut kommuniziert werden, damit wir wechselseitig unsere Ansprüche erkennen und respektieren können. Auch dazu finden Sie im Folgenden Übungen („Grenzen setzen", S. 99, sowie „Neinsagen-Check, S. 96).

4.2 Übungen

Was geht mir leicht von der Hand?

Inhalt: Sich die bisherigen Erfolge vor Augen führen

Ziel: Eigene Ressourcen, Erfolge und Lernfortschritte bewusst wahrnehmen, Selbstvertrauen für den Weg zum Ziel stärken

Überlegen Sie, was Ihnen bisher (beim Aneignen neuen Wissens, Einüben neuer Fähigkeiten, Ausführen bestimmter Tätigkeiten …) leicht von der Hand ging. Beziehen Sie in diese Aufgabe auch Ihre Familie und Freunde mit ein.

Fragen Sie zehn Familienmitglieder und Freunde genau das und notieren Sie *alle* Antworten. Auch wenn Sie selbst vielleicht bei dem einen oder anderen Punkt anderer Meinung sind. Oft sind genau das Talente von Ihnen, die Sie so gern bagatellisieren: „Ach, das ist doch nichts Besonderes!“ Für Sie vielleicht nicht, für andere, die sich damit schwertun, sehr wohl!

Überlegen Sie auch Folgendes: Was tun Sie, wenn Sie „nichts tun“? Treffen Sie Freunde, hören Sie Musik, arbeiten Sie im Garten, hängen Sie stundenlang am Telefon, lesen Sie Fachzeitschriften, Comics, Kochbücher, surfen Sie im Internet? Fragen Sie sich: Was für Qualitäten stecken in diesen Tätigkeiten? Wenn Sie z. B. gerne stundenlang auf der Couch liegen und lesen, dann sind da vielleicht Qualitäten verborgen wie: sich Zeit nehmen können für sich selbst, Wissbegier, die Lust, sich weiterzubilden, das Trainieren Ihrer Lesefähigkeit (heute keineswegs mehr eine Selbstverständlichkeit) usw.

Besondere Eigenschaften anerkennen

Ein Coachingklient zeigte sich am Ende der zweiten Coachingeinheit etwas demotiviert. Er meinte, er wäre nicht so gut wie die anderen. Viele seiner Kollegen und Kolleginnen hätten besondere Fähigkeiten, die er schätze. Er selber hätte aber keine besonderen Talente. Ich gab ihm diese Übung bis zur nächsten Coachingeinheit mit. Bei unserem nächsten Treffen erzählte er mir ganz ungläubig, dass seinen Kollegen und Kolleginnen sofort etwas eingefallen sei. Sie meinten, dass er vor allem in Stresssituationen besonders gut reagiere, ruhig bleibe, strukturiert denken und scheinbar ungeahnte Kraftreserven aktivieren könne. Er war erstaunt darüber, da diese Eigenschaften für ihn eine Selbstverständlichkeit waren.

Energiespeicher

ÜBUNG

Inhalt: Sich die bisherigen „Erfolge“ vor Augen führen

Ziel: Eigene Ressourcen, Erfolge und Lernfortschritte bewusst wahrnehmen, Selbstvertrauen für den Weg zum Ziel stärken

Auf dem Weg zum Ziel ist es wichtig, sich seine bisherigen Erfolge vor Augen zu führen. Diese Übung wird Ihnen helfen zu identifizieren, was schon sehr gut funktioniert und worauf Sie bauen können.

Notieren Sie, was Sie in Ihrem Leben schon alles gemeistert haben – und Sie können gerne bis zur Schulzeit zurückgehen. Bitte schmälern Sie Ihre Erfolge nicht und denken Sie auch an die vielen kleinen Alltagserfolge. Das könnte z. B. sein: „Ich habe meinen Abschluss gemacht“ oder „Ich habe – trotz Widerstand – meinen eigenen beruflichen Weg verfolgt“. Weitere Beispiele wären: „Ich habe den Rückschlag XY gut gemeistert“, „Ich habe mich damals bei meiner Bewerbung gegen zahlreiche andere durchgesetzt“, „Ich habe einem Kollegen die Stirn geboten, als er etwas Beleidigendes gesagt hat“, „Ich habe in der Straßenbahn einer fremden Person geholfen“ usw. Sie können hierzu auch Ihre Familie und Freunde befragen. Es ist spannend herauszufinden, was diesen Personen so alles im Gedächtnis geblieben ist.

In einem weiteren Schritt können Sie die Erfolge nochmals durchgehen und bei jeder Begebenheit überlegen, welche Eigenschaften / Stärken Ihnen dabei geholfen haben.

Meine Erfolge	**Diese Fähigkeiten haben mir den Erfolg ermöglicht**
Ich habe meine Wunschausbildung ausgewählt und abgeschlossen, obwohl meine Familie dagegen war	*Bin konsequent; traue mich, Dinge anzugehen; bin klar in Bezug auf meine Wünsche / Ziele*

Beispiel

„Ich weiß selbst, wo ich ansetzen muss“

Ein Bekannter von mir, der schon lange selbstständig war, haderte immer wieder mit der schwankenden Auftragslage und dem entsprechend unsicheren Einkommen. Auf meinen Vorschlag hin machte er für sich diese Übung und notierte als Erfolg und zugrunde liegende Fähigkeiten unter anderem Folgendes:

Meine Erfolge	Diese Fähigkeiten haben mir den Erfolg ermöglicht
Bin nach 20 Jahren immer noch selbstständig, an sich schon ein Erfolg	*Bin eigensinnig, manchmal stur, damit auch hartnäckig, habe einen langen Atem*
Habe ein ganz neues Geschäftsfeld entwickelt	*Bin kreativ, neugierig, experimentierfreudig* *Kann auch gut verkaufen → Ich bin dann überzeugend, wenn ich selber von etwas überzeugt bin!*
Habe viele Stammkunden, finde aber auch immer wieder neue Kunden	*Pflege gerne Beziehungen, bin verlässlich, seriös, lerne aber auch gerne neue Leute kennen, gehe aktiv auf andere zu*
Wann immer die Umsätze sanken, konnte ich gegensteuern	*Sehe rechtzeitig Warnsignale, raffe mich auf, aktiv zu werden, weiß, was ich tun kann, und tue es auch. Treffe bewusst die Entscheidung, es gut sein zu lassen, auch wenn ich noch mehr tun könnte*

Bei unserem nächsten Treffen berichtete er: „Die Übung war super. Sie hat mir noch einmal deutlich gemacht, was ich schon alles geleistet und erreicht habe. Und das ist, wenn man es so aufschreibt, gar nicht so wenig. Vor allem habe ich gemerkt, dass ich eh weiß, wann ich wo ansetzen muss, wenn ich mehr verdienen will. Wenn ich da mal mit den Bemühungen aufhöre oder nicht so konsequent bin, wie ich sein könnte, dann deswegen, weil mir in dem Moment die Zeit für mich wichtiger ist als Geld. Nicht, weil ich nicht mehr bewerkstelligen könnte. Das war wichtig zu sehen.“

Fortschritte bemerken

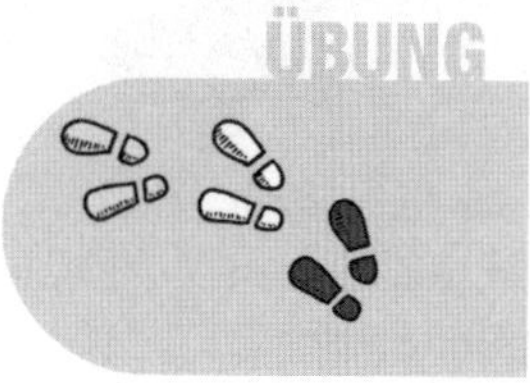

Inhalt: Fortschritte vor Augen führen

Ziel: Eigene Ressourcen, Erfolge und Lernfortschritte bewusst wahrnehmen, Selbstvertrauen für den Weg zum Ziel stärken

Hilfreiche Fragen dazu:

- Welche Schritte habe ich bereits unternommen?
- Welche Anzeichen eines Fortschritts kann ich schon wahrnehmen?
- Welche Fortschritte könnten andere Personen schon bemerkt haben?
- Auf einer Skala von null bis zehn (0 = ganz am Anfang, 10 = Ziel erreicht): Wo stehe ich gerade?
- Was wäre ein kleines Anzeichen, etwa morgen oder in ein paar Tagen, das mir den Beginn einer Bewegung in die richtige Richtung signalisieren würde?
- Was wäre nächste Woche für mich ein Zeichen dafür, dass ich (weitere) Fortschritte gemacht habe?
- Was würde meinen größten Skeptiker überzeugen, dass ich einen Schritt weiter gekommen bin?
- Angenommen, ich würde einen Tag lang mit einer Videokamera gefilmt. Woran könnte ein Betrachter merken, dass ich meinem Ziel schon näher gekommen bin?

Tipp: Besonders effektiv sind diese Fragen, wenn Sie sie mit der nachfolgenden Übung „Mein Logbuch" verknüpfen.

Fortschritte bewusst machen

Alle Fragen dieser Übung verwende ich regelmäßig in meinen Coachingsitzungen, um meinen Coachees ihre eigenen Fortschritte nochmals vor Augen zu führen. Es ist jedes Mal wieder erstaunlich, wie wichtig es ist, sich dafür Zeit zu nehmen und die kleinen Fortschritte zu benennen. Damit rücken diese Dinge bewusst in unseren Fokus und bekommen mehr Gewicht und geben uns weitere Kraft. Aussagen wie „Da habe ich ja schon mehr geschafft, als ich dachte!" oder „Jetzt, wo ich drüber nachdenke, merke ich erst, dass sich doch schon einiges getan hat" höre ich bei dieser Übung regelmäßig.

Mein Logbuch

Inhalt: Protokoll über seine Schritte zum Ziel führen

Ziel: Eigene Ressourcen, Erfolge und Lernfortschritte bewusst wahrnehmen, Selbstvertrauen für den Weg zum Ziel stärken

Ein Logbuch ist eine in der Seefahrt übliche Form, den zurückgelegten Seeweg sowie tägliche Ereignisse und Vorgänge aufzuzeichnen, ähnlich einem Tagebuch oder Protokoll. Führen Sie über Ihren persönlichen Weg zum Ziel ebenfalls ein Logbuch. Notieren Sie darin immer wieder die Schritte zum Ziel. Damit können Sie Ihre kleinen Erfolge besser kontrollieren. Je klarer das Bild vom bereits zurückgelegten Weg in Ihrem Kopf ist, umso eher werden Sie Wege und Ressourcen erkennen, wie Sie sicher zum Ziel gelangen können. Die Fragen in der vorigen Übung können Ihnen beim Führen Ihres Logbuchs eine Hilfe sein.

Quelle / Inspiration für die Übung: *Jetzt geht's! Erfolg und Lebensfreude mit lösungsorientiertem Selbstcoaching* von Rolf Reinlassöder und Ben Furman (2013, Seite 95)

Erinnerungen bewahren

Diese Übung ist eine Abwandlung des guten alten Tagebuchs. Ich war nie Tagebuchschreiberin, bis zu dem Moment, als unsere Tochter zu uns kam. Um für sie später eine Erinnerung an die ersten gemeinsamen Momente in unserem Leben zu haben, begannen mein Mann und ich, eine Art Logbuch zu schreiben. Zuerst noch etwas holprig, mittlerweile schon sehr versiert. Und es erstaunt mich immer wieder, darin zu lesen und zu sehen, was wir schon alles miteinander erlebt und erreicht haben. Viele Dinge vergisst man schnell im Alltag. Die Aufzeichnungen erinnern uns an vieles und geben uns auch immer wieder Selbstvertrauen. Somit wurde das Buch auch für uns zu einem wichtigen und hilfreichen Alltagsinstrument.

Der positive Unterschied

ÜBUNG

Inhalt: Differenzierte Betrachtungsweise der eigenen Leistung, auf positive Unterschiede achten

Ziel: Realistische Einschätzung der eigenen Fortschritte, Ansatzpunkte für positive Veränderungen erkennen

Es gibt nicht nur gut oder schlecht, siegen oder verlieren. Eine ganze Bandbreite an möglichen Bewertungen steht uns zur Verfügung, und wir können fragen: „Zu wie viel Prozent war ich schon dieses oder jenes? Was genau war anders, als es besser funktioniert hat?"

Ziel ist, die eigene Leistung differenzierter zu sehen und positive Abweichungen zu erkennen, die man ausbauen und verstärken kann. Im Selbstcoachingprozess ist es daher hilfreich, immer wieder einmal auf die positiven Unterschiede zu achten.

Tragen Sie Ihre Einschätzung in der unten stehenden Tabelle ein. Die Einschätzung erfolgt bewusst nicht mittels Zahlenwerten wie z. B. 1 (sehr gut) bis 5 (sehr schlecht), da dadurch oft eine Art Stabilitätstrance einsetzt. Wir glauben dann, Dinge sind genau so und können nicht verändert werden. Stattdessen bewerten Sie mit den Werten A, B, C und D sowie dem jeweiligen Prozentwert, wie häufig diese Bewertungskategorie in Bezug auf das zu beurteilende Kriterium zutrifft (100 Prozent aufgeteilt auf die vier Felder A–D).

A = sehr gut erkennbar
B = gut erkennbar
C = in Ansätzen erkennbar
D = gar nicht erkennbar

Im Folgenden finden Sie ein paar grundsätzliche Kategorien. Sie können diese durch Ihre eigenen, spezifisch zu Ihrer Situation passenden Kategorien ergänzen.

Geben Sie an, zu wie viel Prozent Sie das jeweilige Kriterium in der jeweiligen Bewertungskategorie gezeigt haben.

Beispiele für Ihre Kategorien am Weg	A sehr gut erkennbar	B gut erkennbar	C in Ansätzen erkennbar	D gar nicht erkennbar
Konsequenz in der Umsetzung der Schritte				
Vertrauen, das Ziel zu erreichen				
Umgang mit dem Hindernis XY				
Nutzung der Ressource XY (z. B. Freunde, Urlaub, Seminar etc.)				
Grenzen setzen				
Fortschritte erkennbar				

Quelle / Inspiration für die Übung: Nach einem Vortrag von Dr. Günter Lueger auf dem Kongress für Positive Psychologie 2014

Der positive Unterschied

Angenommen, Sie befinden sich schon mitten auf dem Weg zu Ihrem Ziel. In regelmäßigen Abständen (z. B. alle zwei Wochen) nehmen Sie sich diese Tabelle vor und schätzen Ihre Aktivitäten ein. Ihre aktuelle Einschätzung sieht wie folgt aus:

Kriterien	**A** **sehr gut erkennbar**	**B** **gut erkennbar**	**C** **in Ansätzen erkennbar**	**D** **gar nicht erkennbar**
Konsequenz in der Umsetzung der Schritte	10	10	60	20
Vertrauen, das Ziel zu erreichen	50	30	20	
Positiver Umgang mit dem Hindernis „Zeitmangel aufgrund eines neuen beruflichen Projekts“			10	90

Sie haben also Ihrer Meinung nach in diesem Zeitraum zu zehn Prozent sehr gute Konsequenz in der Umsetzung der Schritte gezeigt, in zehn Prozent der Fälle war Ihre Konsequenz gut erkennbar, den Großteil Ihrer Konsequenz schätzen Sie als in Ansätzen erkennbar ein und in 20 Prozent der Fälle meinen Sie sogar, dass Ihre Konsequenz gar nicht erkennbar war.

Ihr Vertrauen, das Ziel zu erreichen, schätzen Sie sehr hoch ein. In 50 Prozent der Fälle war es sehr gut erkennbar, in 30 Prozent der Fälle gut und in 20 Prozent der Fälle in Ansätzen erkennbar. Sie meinen allerdings, dass Sie mit dem aufgetauchten Hindernis „Zeitmangel“ nicht sehr gut umgegangen sind. Der positive Umgang war in 90 Prozent der Fälle nicht erkennbar. Aber immerhin in zehn Prozent der Fälle war der positive Umgang in Ansätzen erkennbar.

Jetzt achten Sie auf diese Unterschiede in den Prozentangaben. Denn sie geben Ihnen wichtige Auskünfte. Stellen Sie sich zum Beispiel folgende Fragen:

- Was habe ich in den zehn Prozent der Fälle, in denen mein positiver Umgang mit dem Hindernis „Zeitmangel“ in Ansätzen erkennbar war, getan?
- Was davon könnte ich weiter tun oder noch ausbauen, um einen noch positiveren Umgang mit dem Hindernis zu erreichen?

Oder:

- Was habe ich in den zehn Prozent der Fälle in der Kategorie A getan, das mein sehr konsequentes Verhalten bei der Zielerreichung gezeigt hat?
- Was habe ich getan, dass in 60 Prozent der Fälle in der Kategorie C meine Konsequenz nur ansatzweise zu erkennen war? Wie könnte ich mehr von der Kategorie B und A in diesem Punkt erreichen?

Mut machen

Inhalt: Gründe anführen, warum das Erreichen meines Ziels möglich ist

Ziel: Mut zu machen ist vor allem dann wichtig, wenn die Zielerreichung schwierig scheint

Jetzt ist es an der Zeit, sich selbst wieder Mut zuzusprechen. Denken Sie darüber nach, warum Sie glauben, dass Sie das Ziel erreichen können. Erinnern Sie sich dabei an die vorigen Übungen und Ihre früheren Erfolge. Wie haben Sie ähnliche Probleme in der Vergangenheit gemeistert? Denken Sie über weitere Ressourcen und Ihre eigenen Stärken nach. Und seien Sie dabei bitte nicht zu bescheiden. Es gibt gewiss eine ganze Reihe an Fähigkeiten und Qualitäten, auf die Sie stolz sein können. Leider gerät das oft in Vergessenheit. Hier und jetzt ist der richtige Ort, diese Stärken und Erfolge wieder in Erinnerung zu rufen.

Fertigen Sie nun eine entsprechende Liste an und zählen Sie darin die vielfältigen Gründe dafür auf, warum Sie das Erreichen Ihres Ziels trotz Schwierigkeiten für möglich halten:

Quelle / Inspiration für die Übung: *Jetzt geht's! Erfolg und Lebensfreude mit lösungsorientiertem Selbstcoaching* von Rolf Reinlassöder und Ben Furman (2013, S. 88)

Beispiel

Selbstvertrauen gewinnen

Eine Coachingklientin, Mutter von zwei kleinen Kindern, wollte nach ein paar Jahren Karenz wieder einen Job als Personalentwicklerin annehmen. Vor der Geburt der Kinder hatte sie in der Personalentwicklung eines internationalen Konzerns gearbeitet. Sie zweifelte jetzt an ihren Fähigkeiten und hatte Angst, dass sie den Anschluss verloren hätte und nicht mehr „up to date" sei. Sie wollte im Coaching überlegen, wie sie den Berufseinstieg am besten angehen könnte. Die Klientin war sehr gut ausgebildet und hatte schon Erfahrung in der Personalentwicklung, es ging also vorrangig darum, Mut zu fassen. Hier hat diese Übung Wunder gewirkt.

Einerseits erzählte die Coachingklientin von ihren bisherigen Erfolgen (in der früheren Tätigkeit, aber auch darüber hinaus): Es gab unter anderem eine Auszeichnung für ein gelungenes Personalentwicklungskonzept, einen Studienabschluss mit ausgezeichnetem Erfolg und viele kleine persönliche Erfolge.

Das richtige Aha-Erlebnis hatte sie dann als Reaktion auf die Frage: „Wie haben Sie ähnliche Probleme in der Vergangenheit gemeistert?" Ihr fiel ein, dass sie den Studienabschluss nicht gleich gemacht hatte, sondern erst nach fast zwei Jahren, in denen sie schon gearbeitet hatte und nicht mehr an der Uni war. Auch damals hatte sie das Gefühl, den Anschluss verloren zu haben und nicht mehr genau zu wissen, was gefordert wurde. Sie führte sehr genau aus, wie sie das damalige Problem angepackt und zu einem positiven Abschluss gebracht hatte. Nachdem sie dies alles wieder vor Augen hatte, war ihr Selbstvertrauen zurück und auch die Klarheit über die weiteren notwendigen Schritte.

Sparringpartner

Inhalt: Coachingpartnerschaft unter Freunden oder Kollegen etablieren

Ziel: Unterstützung auf dem Weg zum Ziel haben; Anreiz, Dinge tatsächlich umzusetzen

Eine sehr effektive Form der Unterstützung auf dem Weg zu seinem Ziel sind Coachingpartnerschaften unter Freunden, Kollegen oder Gleichgesinnten (engl. *spar with someone*: „sich mit jemandem auseinandersetzen"). Dafür brauchen Sie jemanden, dem Sie sich gerne anvertrauen und der Interesse am Thema Selbstcoaching hat.

Vereinbaren Sie mit dieser / diesen Person / en Gesprächstermine (persönlich, telefonisch, über Skype) in regelmäßigen Abständen, die für Sie Sinn machen. Damit wird die Partnerschaft verbindlicher, und Sie haben möglicherweise mehr Anreiz, Dinge umzusetzen.

Folgende Fragen können Ihnen für die Termine eine hilfreiche Struktur vorgeben:

- Wie weit bist du auf deinem Weg zum Ziel?
- Was hast du schon umgesetzt?
- Wie hast du diese Fortschritte erreicht?
- Wenn noch nichts umgesetzt / erreicht wurde, kann man wohlwollend fragen: Was brauchst du noch, um bis zum nächsten Mal einen Fortschritt zu erreichen? Was könnte dir bei der Umsetzung helfen?
- Was nimmst du dir bis zum nächsten Termin vor?

Da wir Menschen nun einmal unterschiedlich sind, gibt es auch Unterschiede im Ausmaß und der Häufigkeit von Unterstützung. Manche fühlen sich bereits ausreichend unterstützt, wenn der Sparringpartner relativ unstrukturiert alle paar Wochen nachfragt, was sich denn so tut, und „für den Fall des Falles" für ein Telefonat zur Verfügung steht. Andere wiederum benötigen eine klare Struktur, z. B. ein persönliches Treffen pro Woche, bei dem die nächsten Schritte mit dem Sparringpartner besprochen werden und man sich selbst „verpflichtet", diese auch umzusetzen. Sozusagen der Sparringpartner als derjenige, der einem von Zeit zu Zeit den nötigen Tritt in den Allerwertesten verpasst, damit man auch ja in die Gänge kommt. Daraus folgt: Man tut gut daran, mit dem Sparringpartner am Beginn explizit zu klären, wie die Hilfe konkret ausschauen soll, damit gut gemeinte Aktionen nicht zu Spannungen oder Missverständnissen führen.

Genauso gilt: Stößt man selbst oder die Arbeit mit dem Sparringpartner mal an seine / ihre Grenzen, spricht nichts dagegen, sich auch professionelle Hilfe zu holen.

Diese Übung setze ich seit 20 Jahren gerne als Transferübung in Seminaren oder Lehrgängen ein. Die Teilnehmenden gehen in Zweier- oder Dreierteams als Sparringpartner zusammen und vereinbaren einen Termin, um sich über ihre Umsetzungsschritte nach dem Seminar zu informieren. Die Teilnehmenden melden oft zurück, dass diese Form der Unterstützung sehr hilfreich war. Sie fühlten sich mehr verpflichtet, Dinge umzusetzen, und hatten das Gefühl, nachhaltigere Ergebnisse zu erzielen. Hilfreich waren ihnen dabei auch die emotionale Unterstützung und der Zuspruch, wenn schwierigere Zeiten anstanden.

Fairerweise muss hier aber auch erwähnt werden, dass diese Partnerschaften nicht immer hilfreich sind. In einigen Fällen verpufft der anfängliche Eifer, jemanden unterstützen zu wollen. Es fehlt die Zeit, oder die Chemie stimmt nicht.

Wenn Sie das Gefühl haben, dass die andere Person nicht (mehr) hilfreich für Ihren Prozess ist, dann sollten Sie sich von dieser Art der Unterstützung distanzieren.

Gegen den Wind

Inhalt: Versuche anderer, eigene Bedürfnisse und Ziele durchzusetzen, erkennen

Ziel: Strategien zur Abgrenzung, Schützen der eigenen Ziele

„Wer verzichtet und nachgibt, ist immer beliebt bei denen, die davon profitieren.“

(Winston Churchill)

Nicht immer reagiert unser Umfeld begeistert auf unsere Veränderungen. Sie tun also gut daran, von vornherein mit Gegenwind zu rechnen und sich darauf vorzubereiten.

Hier geht es nicht darum, Ihre Umwelt als „feindlich“ wahrzunehmen. Vielmehr kann die Übung dabei helfen, mögliche Konsequenzen einer Veränderung gedanklich vorwegzunehmen und Stolpersteine auf dem Weg zum Ziel zu vermeiden.

Folgendermaßen können Sie vorgehen:

Erster Schritt: Bewusstmachung

- Wer außer mir wird die Zielerreichung bemerken?
- Wer wird es bereits bemerken, wenn ich mich auf den Weg mache?
- Wer aus meinem Umfeld ist wann und wie von den Veränderungen betroffen?
- Was könnte diese Personen motivieren, mich zu unterstützen? Was hätten sie davon?
- Was müssen diese Personen aufgeben / mehr machen / anders machen, wenn ich mein Ziel erreiche (z. B. sich mehr um die Kindern und den Haushalt kümmern, sich dafür mit dem eigenen Chef anlegen, um die Kinder rechtzeitig vom Kindergarten abzuholen etc.)?
- Welche Bedürfnisse anderer werden dadurch in Mitleidenschaft gezogen?
- Welche (Rollen-)Bilder (von Karriere, Beziehung, Partnerschaft etc.) stecken hinter möglichen ablehnenden Reaktionen?

Klassisches Beispiel: Sie wollen als Frau nach der Babypause wieder in Ihren Job einsteigen. Wer merkt das? Am unmittelbarsten natürlich Ihr Partner, weil es darum geht, eine Kinderbetreuung zu organisieren, was Geld kostet und beide fordert. Dann vielleicht auch die eigenen Eltern und Schwiegereltern, die Sie gerne als Unterstützung heranziehen würden. Vielleicht auch andere Eltern, mit denen man ausmacht: Einmal hole ich alle Kinder ab, dann die anderen. Sie merken schon, da sind möglicherweise einige Leute betroffen, die nicht gleich Freudenschreie ausstoßen, sondern sich vielleicht sogar denken: „Einfacher wäre es, sie würde noch ein Jahr zu Hause bleiben. (Das wäre für uns viel bequemer.)"

Zweiter Schritt: Abklärung und Verhandlung

Wenn Sie jene Personen in Ihrem Umfeld identifiziert haben, die von Ihrer Zielerreichung betroffen sind, ist es sinnvoll, Ihr Vorhaben frühzeitig anzusprechen, und zwar möglichst neutral: „Ich werde in drei Monaten wieder zu arbeiten beginnen, im ersten Jahr x Stunden, ab nächstem Jahr y Stunden, und für die Kinder organisiere ich für diese Zeit eine Betreuung. Würdet ihr mich dabei unterstützen? Was wäre da für euch vorstellbar? Wenn es für euch nicht möglich ist, sagt es mir bitte möglichst bald, damit ich rechtzeitig andere Möglichkeiten finde. Zusätzlich habe ich mir noch diese und jene Betreuungsmaßnahme überlegt."

Das signalisiert einerseits: Es ist mir ernst, ich mache das. Mit eurer Hilfe, aber auch ohne eure Hilfe. Ihr müsst meiner Entscheidung nicht applaudieren, aber ich erwarte, dass ihr sie zumindest respektiert. Und andererseits machen Sie deutlich: Ich möchte von euch wissen, ob und in welchem Maß ich auf euch zählen kann oder nicht, damit ich planen kann.

Das erspart Ihnen nicht Unmutsäußerungen oder Versuche, Sie von Ihrem Vorhaben abzubringen, aber es macht Ihre Position klar. Und zudem, dass Sie sich trotz Gegenwinds nicht gleich wieder davon abbringen oder verunsichern lassen.

Ein weiterer Aspekt, den es zu überlegen gilt (auch wenn das im familiären Rahmen vielleicht ungewohnt anmutet), ist, in Verhandlungen einzutreten: Wo könnte ich im Gegenzug euch unterstützen? Oder: Wenn ihr mir da helft, könnte ich im Gegenzug … Wichtig wie bei jeder guten Verhandlung: eine gute Vorbereitung! Was ist mir wichtig, was ist den anderen wichtig? Was brauche ich von den anderen, wo könnte ich ihnen von Nutzen sein? Gibt es ein gemeinsames Ziel, gemeinsame Interessen?

Immer wieder beobachte ich, dass viele Menschen gar nicht erst zu verhandeln beginnen, sondern von vornherein kapitulieren oder resignieren. Oder aber eine Ablehnung geradezu provozieren. Nach dem Motto: „Chef, kann ich heute früher gehen?" – „Nein!" – „Na, was hab ich gesagt?! Ich hab's gewusst!"

Bedenken Sie Folgendes: Aus Sicht eines Vorgesetzten ist es schon allein aus dem Grund sinnvoll, gleich einmal Nein zu sagen, weil 90 Prozent der Anfrager das Nein stillschweigend zur Kenntnis nehmen und gleich wieder aus dem Büro raus sind. Und das heißt: Mögliche Komplikationen (aus Sicht des Chefs) wurden erfolgreich im Keim erstickt. Im Bekanntenkreis wird dann über den blöden Chef geschimpft, und sich selber kann man sagen, dass man es doch probiert hat.

Im Coaching würde daraus vielleicht folgender Dialog entstehen:
Coach: „Was genau haben Sie denn unternommen?"
Klientin: „Ich habe ihn gefragt!"
Coach: „Auf welche Art und Weise?"
Klientin: „Wie meinen Sie das? Ich habe ihn gefragt, ob ich früher gehen kann, und er hat abgelehnt. Basta!"
Coach: „Haben Sie ihm gesagt, *warum* Sie früher gehen müssen?"
Klientin: „Nein."
Coach: „Haben Sie ihm gesagt, dass Sie trotzdem alles, was Sie heute noch zu erledigen haben, bis dahin schaffen werden und für einen Ersatz sorgen, falls er später noch was braucht?"

Statt zu sagen „Das klappt nicht!", muss es also richtig heißen: „Das klappt *so* nicht!" Dann klappt es eben anders. Andere Vorgehensweise, andere Ergebnisse. Das bedeutet nicht, dass Ihre Bemühungen immer einfach umzusetzen sein werden. Es bedeutet nur, dass es möglich ist, die eigenen Wünsche zu verfolgen.

Dritter Schritt: Sicherheitscheck

Viele Gegenargumente, die Ihre Mitmenschen vorbringen, dienen eigenen, oft versteckten Interessen. Banal gesagt: Der Status quo ist für einige Freunde oder Familienmitglieder einfach bequemer. Am besten, es bleibt alles so, wie es ist. Das ist legitim, sollte Sie jedoch nicht von Ihrer gewünschten Veränderung abhalten.

Es gibt jedoch auch Argumente, die „Hand und Fuß haben" und auf mögliche eigene blinde Flecken hinweisen. Sie einfach zu ignorieren kann riskant sein.

So kaufte eine junge Klientin von mir vor einigen Jahren mit ihrem Mann ein Reihenhaus auf Kredit. Vor wenigen Monaten beschloss sie dann, ihren bisherigen Job als Vertriebsleiterin aufzugeben und sich als Trainerin und Coach selbstständig zu machen. Sie bat mich um ein Coachinggespräch, um sich zu erkundigen, welche Ausbildungen sie dazu sinnvollerweise machen sollte. Auf meine Frage, wie sie gedenke, ihre Lebenshaltungskosten in der Anfangszeit ihrer Selbstständigkeit zu finanzieren, vor allem die Kreditrate für das Haus, meinte sie: „In einigen Monaten kommen ja die Einnahmen aus meiner Selbstständigkeit." Im Lauf des Gesprächs zeigte sich dann: Noch fehlte eine Entscheidung über das genaue Dienstleistungsangebot, es gab noch keine Homepage, keine Unterlagen, keine genaue Zielgruppendefinition etc. Es fehlten somit noch viele der nötigen und wichtigen Schritte auf dem Weg zu einer erfolgreichen Selbstständigkeit, wodurch sich der ursprünglich angedachte Zeitplan als völlig unrealistisch erwies und ein stures Daran-Festhalten sie schnell in massive finanzielle Schwierigkeiten gebracht hätte.

Das Beispiel soll zweierlei verdeutlichen: Nicht jedes Gegenargument soll Sie von Ihrem Ziel abbringen, manchmal weist es einfach auf Schwachstellen in Ihrem Plan hin. Zum Zweiten tun Sie gut daran, realistische Zeitpläne aufzustellen. Und da hilft es vor allem, in der Vorbereitungsphase mit Leuten zu reden, die das, was Sie gerade vorhaben, bereits realisiert haben.

Als Faustregel könnte man formulieren: Wenn Sie dazu neigen, „nur schwer in die Gänge zu kommen", ist es sinnvoll, eher kurze Zeiträume und viele Zwischenziele zu definieren, um die Anfangshürden klein zu halten und etwas Druck aufzubauen, schnell tätig zu werden. Sind Sie hingegen eher jemand, der zu viel gleichzeitig will und sich dabei eher überfordert, macht es Sinn, Druck rauszunehmen und sich entgegen dem üblichen Vorgehen einmal mehr Zeit zu lassen, Dinge genauer zu analysieren und Zeiträume zum Experimentieren einzubauen.

Der Neinsagen-Check

Inhalt: Wie gut gelingt mir das Neinsagen, Grenzen setzen

Ziel: Meine Grenzen klar kommunizieren

Gehen Sie folgende Aussagen durch und bewerten Sie sie so, wie Sie sich im Moment selber sehen. Den jeweiligen Wert schreiben Sie bitte in das Kästchen nach der Aussage. Am Ende zählen Sie Ihre Punkte zusammen.

Das Bewertungsschema:

Die Aussage trifft auf mich zu:

völlig = 4
ziemlich = 3
etwas = 2
wenig = 1
gar nicht = 0

1.	Harmonie ist mir in zwischenmenschlichen Begegnungen wichtig.	
2.	Ich kritisiere andere Menschen ungern.	
3.	Es ist mir wichtig, dass sich alle in meiner Umgebung wohlfühlen.	
4.	Meine Termine / Wünsche stelle ich oft zugunsten anderer Personen hintan.	
5.	Ich lege großen Wert auf die Meinungen von anderen über mich.	
6.	Ich sage eher „Könnten Sie bitte ...?“ statt „Bitte machen Sie ...“.	
7.	Bei Besprechungen und Diskussionen mache ich oft zustimmende Gesten.	
8.	Ich kümmere mich gerne um Aufgaben / Anliegen von anderen.	
9.	Von anderen akzeptiert zu werden ist mir wichtig.	
10.	Die Erwartungshaltung meiner Umgebung lässt mich entsprechend handeln.	
	Gesamtpunktezahl:	

Wenn Ihre Gesamtpunktezahl bei 28 und mehr liegt, dann ist das Leitmotiv „Mach es allen recht! Sei gefällig!" besonders hoch ausgeprägt. Zuerst kommen die anderen, dann erst kommen Sie.

Mit dieser hohen Ausprägung des Leitmotivs fällt das Grenzensetzen besonders schwer. Ein Nein führt meist zu Schuldgefühlen oder schlechtem Gewissen.

Um Ihr Ziel zu erreichen, ist es aber nötig, zuerst auch einmal an sich selbst zu denken. Es geht dabei um einen gesunden Egoismus, eine Form der Selbstachtung. Sie dürfen Nein sagen, wenn es Ihnen wichtig ist. Und Sie dürfen auf Ihre eigenen Bedürfnisse achten.

Da Neinsagen ein erlerntes Verhalten ist, kann es geübt werden. Allerdings sind Leitmotive sehr starke Glaubenssätze, die Sie schon Jahre begleiten und Ihren Ursprung in Ihrer Familiengeschichte haben. Die Arbeit an folgenden beiden Bereichen kann deshalb der erste Schritt für das zukünftige Gelingen des Grenzensetzens sein.

- **Stärken des eigenen Selbstbewusstseins**
  Hierzu können Sie auch die Übungen „Energiespeicher" (S. 82), „Fortschritte bemerken" (S. 84) und „Mut machen" (S. 89) nutzen.
- **Ängste, die uns daran hindern, Nein zu sagen, identifizieren**
  Sie finden in der nachfolgenden Tabelle einige Ängste, die uns beim Grenzensetzen begleiten. In der Spalte neben den Ängsten finden Sie mein Angebot für positive Gedanken.

Ängste	Positiver Gedanke
Angst, dass ich den anderen verärgere oder verletze.	Es könnte auch anders sein. Der andere könnte meine Ausführungen verstehen und gar nicht verärgert / verletzt sein. Ich habe das Recht, meine Bedürfnisse und Wünsche zu äußern.
Angst, die Arbeit / den Partner / einen Freund zu verlieren.	Keiner weiß, was in Zukunft passieren wird. Möglicherweise übertreibe ich, denn so leicht verliert man seine Arbeit / den Partner / den Freund nicht.

Ängste	Positiver Gedanke
Angst vor Ablehnung	Wenn mich jemand nur mag, weil ich immer zustimme, dann macht es mir nichts aus, wenn mich so jemand ablehnen sollte.
Angst, als egoistisch zu gelten	Auch ich habe das Recht, auf meine Bedürfnisse zu achten. Andere äußern auch ihre Wünsche und sind deshalb keine egoistischen Menschen.

Am besten fangen Sie gleich bei alltäglichen Dingen an, das Abgrenzen zu üben. Möglichkeiten zum Üben gibt es im Alltag viele – hier ein paar Anregungen:

- Jemand schenkt Ihnen ein Getränk nach, obwohl Sie davor dankend abgelehnt haben.
  → „Wie ich schon gesagt habe, möchte ich nichts mehr trinken! Danke, aber ich werde das Glas nicht leer trinken."

- Ihr Partner / Ihre Partnerin kostet ungefragt von Ihrem Essen.
  → „Ich möchte, dass du mich künftig fragst, wenn du von meinem Teller etwas kosten möchtest!"

- Sie haben in Ihrer Firma vereinbart, am Freitag etwas früher zu gehen. Am Freitag dann kommt eine Kollegin und erzählt Ihnen, dass eine Freundin von ihr übers Wochenende zu Besuch kommt. Sie bittet Sie, ein wichtiges Kundengespräch von ihr zu übernehmen, damit sie früher gehen kann, um alles für den Besuch vorzubereiten.
  → „Normalerweise unterstütze ich dich gerne und würde auch deine Aufgaben übernehmen. Allerdings habe ich für heute vereinbart, eine Stunde früher zu gehen. Ich möchte etwas Wichtiges erledigen, deshalb kann ich diese Aufgabe heute nicht mehr übernehmen."

Quelle / Inspiration für die Übung: Das Konzept der inneren Antreiber von Eric Berne, Begründer der Transaktionsanalyse

Grenzen setzen

Inhalt: Wie setze bzw. verteidige ich Grenzen so, dass sie für andere klar und akzeptabel sind?

Ziel: Meine Grenzen klar kommunizieren

Arbeiten Sie folgende Punkte durch, um Ihre Grenze klarer zu sehen und im Bedarfsfall eindeutig kommunizieren zu können. Als Denkhilfe dient Ihnen ein Beispiel. Es geht darin um die Abgrenzung eines Mitarbeiters von seinem Chef, der ihm ein zusätzliches Projekt überantworten möchte:

1. Eigene Grenzen müssen bekannt sein: Wo liegt meine Grenze? Was will ich? Was nicht? Was lasse ich zu? Was möchte ich nicht? Was kann ich realistisch leisten?
   Beispiel: „Ich bin in der Firma mit meinen Aufgaben voll ausgelastet. Meine momentanen Kapazitäten lassen es nicht zu, ein neues zusätzliches Projekt anzugehen. Ich habe diesbezüglich eine Aufgabenliste, die ich vorweisen kann."

2. Eigene Grenzen müssen klar und eindeutig formuliert werden (ICH-Botschaften senden). Das Formulieren meiner Grenze:
   Beispiel: „Ich bin mit meinen derzeitigen Aufgaben voll ausgelastet. Ich mache das Projekt gerne. Aber dann muss eine andere geplante Aufgabe verschoben, gestrichen oder an einen Kollegen delegiert werden."

Folgende vier Punkte können bei der Formulierung oder später bei der „Verhandlung“ der Grenzvereinbarung hilfreich sein:

- **Ein Nein begründen und sich nicht dafür rechtfertigen**
  Wie begründe ich meine Grenze?
  Im Beispiel wurde die Grenze mit der Auslastung der Kapazität und mit der vollen Aufgabenliste begründet.

  ____

  ____

  ____

- **Das Nein mit Alternativen anbieten** (z. B. „Jetzt habe ich keine Zeit, aber übermorgen würde es gut passen“):
  Welche Alternativen kann ich anbieten?
  In unserem Beispiel wurden drei Alternativen formuliert:
  - bereits geplante Aufgaben verschieben
  - Aufgaben streichen
  - eine oder mehrere Aufgaben an Kollegen delegieren

  ____

  ____

  ____

- **Nicht sofort entscheiden, Zeit für Überlegungen nehmen**
  Manchmal ist einem nicht auf Anhieb klar, wo die eigenen Grenzen liegen. Eine übereilte Reaktion kann dann weitreichende Folgen haben.
  In unserem Beispiel könnte die vorschnelle Übernahme des zusätzlichen Projekts z. B. die Qualität der Arbeit beeinträchtigen. Die Überlastung könnte auch negative Folgen für die Gesundheit des Mitarbeiters haben usw. Deshalb sagen Sie nicht gleich zu oder ab, sondern bitten Sie um Bedenkzeit: „Darf ich Ihnen morgen Bescheid geben? Ich möchte mir meine aktuelle Aufgabenliste durchsehen und in Ruhe überlegen, ob bzw. wie ich das Projekt gut übernehmen kann.“

- Konsequenzen erfragen („Wäre es sehr schlimm, wenn ich …?“)
  Welche Fragen müsste ich wem stellen? Analysieren Sie das Umfeld, um Ideen für die Grenzvereinbarungen zu bekommen.

Beispiele: Die Kollegen fragen, ob sie eine meiner Aufgaben oder Teile der Aufgabe übernehmen könnten; den Chef oder eine betroffene Abteilung fragen, ob es schlimm wäre, wenn eine bestimmte Aufgabe bis zum Abschluss des Projekts verschoben würde etc.

Quelle/Inspiration für die Übung: *Grenzen setzen bei Erwachsenen* von August Höglinger (2010)

Eine halbe Stunde für mich

Ein Coachee, Außendienstmitarbeiter einer Versicherung und Familienvater, kam ins Coaching, um über seinen Umgang mit Stress bei der Arbeit zu reflektieren. Im Lauf der Coachingsitzung stellte sich heraus, dass es in letzter Zeit auch zu Spannungen in der Familie gekommen war. Wenn er von der Arbeit nach Hause kam, überfielen ihn seine Kinder und auch seine Frau mit Bitten wie: „Papa, kannst du mir den Computer richten?", „Papa, kannst du mir beim Reparieren meines Fahrrads helfen?", „Kannst du bitte die Autoreifen wechseln?" etc. Darauf reagierte er stets gereizt und teilweise zornig, was wiederum zur Folge hatte, dass auch der Rest der Familie beleidigt oder ärgerlich war.

Als Aufgabe bis zur nächsten Coachingsitzung habe ich ihm die Übung „Grenzen setzen" mitgegeben. Dabei erkannte er, dass er nach der Arbeit erst einmal Zeit für sich braucht, um die nötige Distanz zur Arbeit zu haben und den Kopf für die Familie frei zu bekommen. Er meinte, dass er prinzipiell all diese Arbeiten zu Hause gerne übernehme, aber der Zeitpunkt, wann er damit konfrontiert würde, wäre für ihn unpassend. Eine halbe Stunde Ruhe nach dem Nachhausekommen würde ihm reichen. Genau dieses Bedürfnis hat er dann in seiner Familie kommuniziert. Daraus hat sich ein Ritual entwickelt: Er kommt nach Hause, wechselt die Kleidung, liest für ca. 30 Minuten in Ruhe die aktuellen Nachrichten und steht danach seiner Familie voll und ganz (und auch entspannter) zur Verfügung.

Oft führen kleine Veränderungen zu einer erstaunlich großen Wirkung. Wichtig war für ihn, sich über seine Bedürfnisse und Grenzen klar zu werden und diese dann auch entsprechend deutlich seiner Familie mitzuteilen. Seinen Angaben zufolge hat sich die angespannte Familiensituation danach sofort positiv verändert.

Abschließende Worte

Sie sind nun am Ende des Buchs angelangt und haben vielleicht auch schon die eine oder andere Übung ausprobiert. Ich wünsche Ihnen, dass Sie auf Ihrem Weg nun ein beträchtliches Stück weitergekommen sind. Besonders freuen würde es mich natürlich, wenn Sie bereits an Ihrem „neuen Ufer“, Ihrem selbst gesetzten Ziel angelangt sind. In jedem Fall haben Sie sich aber durch die Lektüre mit Ihrer Situation vertieft auseinandergesetzt und damit etwas in Bewegung gesetzt – auch wenn Sie es vielleicht noch nicht wahrnehmen können. Veränderung passiert nicht von heute auf morgen. Vielleicht sind auch noch weitere Inputs für Sie wichtig, zum Beispiel ein Seminar oder ein begleitetes Coaching.

Mit dem Zuklappen des Buchs sind Sie nicht am Ende eines Prozesses angelangt, denn Selbstcoaching begleitet uns ein Leben lang. Lebenssituationen, Einstellungen und Wünsche verändern sich, und damit verändern sich auch unsere Ziele.

Schön, wenn Sie mein Buch aktuell, aber auch in Zukunft auf Ihrem Weg begleitet.

Schreiben Sie mir, wie Ihnen das Buch gefällt und welche Erfahrungen Sie mit den einzelnen Übungen gemacht haben. Sie erreichen mich über meine Webseite ↗ http://www.seminarconsult.at.

Herzlichst

Sabine Prohaska

Danksagung

Großen Dank möchte ich dem Junfermann Verlag aussprechen, der mir für dieses Thema sein Vertrauen geschenkt hat. Meine Gespräche mit Frau Arnold brachten viel Klarheit für die Richtung dieses Buchs.

Weiterer Dank gebührt meinen beiden Kolleginnen und Freundinnen Ulrike Juchmann und Verena Merkatz. Ulrike Juchmann brachte mir vor vielen Jahren in einer Weiterbildung die Arbeit mit der Brückenmetapher näher, und Verena Merkatz führte eine entsprechende Übung als fixen Bestandteil in die Coachingausbildung meines Instituts ein. Dieses Brückenkonzept hat mich zur Struktur des Buchs inspiriert.

Danke auch an Harald Karrer, der mit seinen Visualisierungen dem Buch noch den visuellen Kick gegeben hat.

Zu guter Letzt gilt mein Dank all meinen Coachees, die mir geholfen haben, die relevanten Themen zu erkennen, und die mir die Möglichkeit gaben, die Übungen mit Leben zu füllen und meinen Lesern und Leserinnen somit wertvolle Denkanstöße zu liefern.

Literatur

De Shazer, S. & Dolan, Y. (2013): *Mehr als ein Wunder: Die Kunst der lösungsorientierten Kurzzeittherapie.* Heidelberg: Carl-Auer.

Demann, S. (2013): *Selbst-Coaching. Die 86 besten Tools.* Offenbach: Gabal.

Fischer-Epe, M. & Epe, C. (2012): *Selbstcoaching: Hintergrundwissen, Anregungen und Übungen zur persönlichen Entwicklung.* Reinbek bei Hamburg: Rowohlt Taschenbuch Verlag.

Höglinger, A. (2010): *Grenzen setzen bei Erwachsenen.* 2. Auflage. Linz: Höglinger.

Königswieser, R. (2013): „Stabile Zonen." In: Rauen, Chr. (Hrsg.): *Coaching-Tools. Erfolgreiche Coaches präsentieren 60 Interventionstechniken aus ihrer Coaching-Praxis.* 8. Auflage. Bonn: managerSeminare Verlag, S. 95–99.

Miedaner, T. (2013): *Coach dich selbst, sonst coacht dich keiner.* München: mvg Verlag.

Nelson, P. (2012): *There's a hole in my sidewalk. The Romance of Self-Discovery.* New York: Atria Publishing Group.

Purps-Pardigol, S. (2015): *Führen mit Hirn. Mitarbeiter begeistern und Unternehmenserfolg steigern.* Frankfurt: Campus.

Reinlassöder, R. & Furman, B. (2013): *Jetzt geht's! Erfolg und Lebensfreude mit lösungsorientiertem Selbstcoaching.* Heidelberg: Carl-Auer.

Seiwert, L. (2014): *Kursbuch Zeitnah leben. Wie Sie Ihre Lebens-Balance auf Kurs bringen.* 4. Auflage. Heidelberg: Lothar Seiwert.

Spitzer, M. (2004): *Nervensachen. Perspektiven zu Geist, Gehirn und Gesellschaft.* Stuttgart: Schattauer.

Wehrle, M. (2016): *Die 100 besten Coaching-Übungen: Das große Workbook für Einsteiger und Profis zur Entwicklung der eigenen Coaching-Fähigkeiten.* 9. Auflage. Bonn: managerSeminare Verlag.

Internetressourcen

Seligman, M.: „Action for happiness" (Dankbarkeitsübungen). PDF-Datei ist einzusehen unter ↗ http://www.seligmaneurope.com (dann über „Materialien", „Wissensdatenbank" und „Positive Psychotherapie" zur Dropbox).

V.I.E.L® Coaching + Training: Fragebogen „4 Säulen der Identität". Einzusehen unter ↗ http://www.compass-bc.de/docs/Coaching-Letter-15-03.pdf (zuletzt aufgerufen am 4.1.2016).

Wehrle, M.: Die 10 besten Übungen fürs Selbstcoaching im Überblick, ↗ http://www.zehn.de/handeln-statt-erwarten-2478624-1.

Wheeler, M. (2013): Zusammenfassung einer Studie von Steven Cole, UCLA professor of medicine and a member of the UCLA Cousins Center, and Barbara L. Fredrickson darüber, wie sich das menschliche Genom durch positive Psychologie verändert. Newsroom-Seite der University of California Los Angeles (UCLA). Einzusehen unter ↗ http://newsroom.ucla.edu/releases/don-t-worry-be-happy-247644 (zuletzt aufgerufen am 4.1.2016).

Notizen

Notizen

www.junfermann.de